情怀·智慧·境界

教育名家演讲录（一）

钟惠河　李韫琬　主编

QINGHUAI ZHIHUI JINGJIE
JIAOYU MINGJIA YANJIANGLU（1）

江蘇鳳凰教育出版社
Phoenix Education Publishing, Ltd

图书在版编目（CIP）数据

情怀·智慧·境界：教育名家演讲录（1）/ 钟惠河，李韫琬主编. —南京：江苏凤凰教育出版社，2017.6

ISBN 978-7-5499-6561-8

Ⅰ.①情…　Ⅱ.①钟…　②李…　Ⅲ.①教育—文集　Ⅳ.①G4-53

中国版本图书馆 CIP 数据核字（2017）第 134069 号

书　　名	情怀·智慧·境界——教育名家演讲录（1）
作　　者	钟惠河　李韫琬
责任编辑	雷利军　张晓兰
出版发行	江苏凤凰教育出版社（南京市湖南路1号A楼　邮编210009）
苏教网址	http：//www.1088.com.cn
照　　排	北京世纪鸿文制版技术有限公司
印　　刷	三河市九洲财鑫印刷有限公司
厂　　址	河北省三河市灵山大口
开　　本	787毫米×1092毫米　1/16
印　　张	13
字　　数	200千字
版　　次	2017年6月第1版　2017年6月第1次印刷
书　　号	ISBN 978-7-5499-6561-8
定　　价	30.00元
网店地址	http：//jsfhjycbs.tmall.com
邮购电话	025-85406265，85400774　短信　02585420909
E - mail	jsep@vip.163.com
盗版举报	025-83658579

苏教版图书若有印装错误可向承印厂调换

提供盗版线索者给予重奖

前　言

改革开放以来，特别是进入21世纪以后，随着思想的进一步解放，中国教育主动呼应世界教育的巨大变革，在教育传统与西方主流话语的冲突与融合中，汲取一切有价值的经验，来推动中国教育的变革，不断地开辟现代中国教育的发展道路，直至现在，从未停息……

阳光在为春天抽枝发芽。

当前，中国教育改革已经进入“深水区”，涌现出一大批勇于改革、乐于实践的名家名师，他们构成了当代教育探索的精神图谱，留下了探索的足迹和宝贵的经验。他们或薪火相传、推陈出新，或观点迥异、各有鲜活。他们用行动向同行表明：没有翅膀，也能飞翔；他们用思想与智慧不断地追问教育的本真，以丰盈学生对其生活世界的体验与理解；他们将教师还原为师者，用心、融情于狭小而微妙的课堂教学场域，参问历史与当下的现实意义。多一份思考、理解与体验，则多一分生命存在与生活意义的可能。也正因为这样，才构成了当代教育“百家争鸣、百花齐放”的繁荣景象。

有一种情怀在彰显，有一种智慧在闪烁。

“振兴民族的希望在教育，振兴教育的希望在教师。”加大培训力度，提升广大教师的自身素养已成为人们的共识。但相对于枯燥的理论说教，教师们更乐于倾听名家名师们来自于丰富实践的言说；在倾听中去感受他们的教育情怀和生命律动，去体悟他们的教育智慧与坚韧品格；从不同的角度去寻找他们的共鸣点，在实践体悟中不断打开自己，丰盈自己。美国著名教育家、哲学家杜威有箴言：“生活便是一个自我更新的过程。”无论是生活抑或生长，为学才能求新。学，不独汲取知识，更须至达思想；学，不仅是对“现实世界”的认知和把握，更是对“意义世界”的诠释与理解；为学求新者，只有经由思想的引导，才可能得以不断提升、超越现在，进入更高远的境界。故而，学即悟道，学即践履。

一个梦，在夏季的蓬勃中酝酿一次突围。

有一种境界在云集，有一种渴望在碰撞。2016 年 7 月，泉州市泉港区举办中小学教师人文素养提升培训活动，邀请全国著名语文特级教师、“情智语文”创始人孙双金，国家教育行政学院附属实验学校原校长、北京市特级教师兰祖军，山东教育社编审、中国教育学会传统文化教育中心副主任陶继新，河北省语文学科名师、特级教师信金焕，河北丰润车轴山中学原校长、全国聊书会发起人张斌利五位教育名家讲学。听者云集，再现了当年“朱张会讲”的“一时舆马之众，饮池水立涸”的盛况。德国哲学家伽达默尔认为：“如果某个东西不仅被经历过，而且它的经历存在还获得一种使自身具有继续存在意义的特征，那么这东西就属于体验。”布讲求学即是这样一种体验过程，它能超越经验而达到理性，超越知识而获得价值，超越暂时而达到恒久。我们必须颂扬体验，因为它让生命的珍贵显现。

为让敏锐的思考、智慧的结晶、思想的碰撞与生命的体验长驱直入并占领教育的腹地，我们萌生了把演讲内容与部分老师的体会辑录成书的想法。于是，便编辑了这本《情怀·智慧·境界——教育名家演讲录（1）》。之所以有“（1）”，就是说这样的“演讲”并非仅此一次，还会有第二次、第三次等，此后将会有更多的教育名家的精彩演讲，我们也将陆续编辑出版新的演讲录。

在整理演讲稿的过程中，我们力求保持演讲时的原貌，篇目按演讲时间的先后顺序排列。以后亦将如是。但受水平所限，也许文集中的文字并不能完全准确地表达演讲者的本意，在此敬请各位名家给予宽容与谅解。

在本书即将付梓之际，我们特别感谢陶继新先生为邀请专家及联系出版事宜所做的努力，也感谢泉港区刘刚常委、陈国才调研员、陈建雄局长以及各位同人的大力支持。

钟惠河　李榅琬

2017 年 2 月

目录

名师成长的密码 …………………………………………… 孙双金（1）

立己达人　情智共生 ………………………………… 钟惠河（30）

老师是可以活得诗意而神圣的 ……………………… 肖腾伟（33）

谈游走于儒道佛之间的人生 ………………………… 兰祖军（39）

在传统文化的大背景中思考人生与教育 …………… 钟惠河（67）

“他人”存在的价值 ………………………………… 林有选（72）

写作之“道” ………………………………………… 陶继新（75）

以文化人　以人化文 ………………………………… 钟惠河（113）

丰盈心灵　润泽生命 ………………………………… 黄曙峰（116）

教育情怀与生命成长 ………………………………… 信金焕（119）

在故事中感悟教育的真谛 …………………………… 钟惠河（147）

生命教育的博大情怀 ………………………………… 张传忠（151）

读《论语》，打造精神特区 ………………………… 张斌利（155）

读书改变生命状态 …………………………………… 钟惠河（187）

在挑战中把握契机 …………………………………… 钟惠霞（191）

名师成长的密码

名师简介

孙双金，全国著名语文特级教师，享受国务院政府特殊津贴专家，“情智语文”创始人，《教育家成长丛书》首批作品入选者之一。现任南京市北京东路小学校长兼党支部书记，南京大学、南京师范大学硕士生导师，江苏省“人民教育家培养工程”导师，中国青少年研究会副会长。

工作以来，他曾荣获全国教育系统先进工作者、全国师德先进个人、全国首届十大明星校长、江苏省十大杰出青年、南京市首届基础教育专家、江苏省首届人民教育家培养对象、中国小语年度人物、全国推动读书十大人物等称号。在《中国教育报》《教育家》《人民教育》《江苏教育》《小学语文教师》《小学青年教师》等报刊上发表教育教学文章数百篇，出版有《孙双金语文教学艺术》《孙双金教学思想与经典课堂》《孙双金与情智教育》《情智教育十日谈》《听孙双金老师讲语文》等多部个人教育教学专著。他自成一派的“情智教育”理念在全国广有影响。

我出生在农村，在村校上的小学，后来上了乡镇中学，之后考取了师范学校。我是1981年参加工作的，到今年已经整整36年了。我在丹阳师范学校附属小学（以下简称“丹阳师范附小”）做了5年的班主任、6年的教导主任、7年的副校长、4年的校长，从教22年。后来，一个偶然的机会，我被南京市政府作为人才引进到南京市北京东路小学任校长，到现在也工作了14年了。我现在所在的学校，地理位置很好，就在南京市政府的隔壁，跟市政府大院一墙之隔。学校背靠玄武湖、明城墙，如果要到玄武湖边去散步，几分钟就能走到。

2016年第13期的《人民教育》杂志，用了60个页码、近9万字给我们学校做了一个专辑，专门介绍南京市北京东路小学教师队伍建设和发展。这一期的主题就叫“发现教师”，分六个版块介绍我们学校怎样信任教师、解放教师、引领教师、成就教师，怎样从课程中发现教师、从课堂中发现教师、从管理中发现教师、从生活中发现教师。

在我任校长的这14年中，北京东路小学培养了7位江苏省特级教师，几乎每届评选江苏省特级教师，我们学校都有教师上榜。在我们学校，我是语文特级教师，我们原来的书记是数学特级教师，我们的唐隽菁副校长是品德特级教师，张齐华副校长是数学特级教师，吴玲副校长是语文特级教师，教科室朱萍主任是语文特级教师。现在，大家都说有一个令人欣喜的“北小现象”，就是北京东路小学领导班子的主要成员，几乎都是特级教师。为什么会产生这个现象？为什么每一届评选北京东路小学都有特级教师产生？有些教育界的同人很想了解这个现象背后的原因。我出去讲课的机会比较多，遇到的名师、教育专家也很多，在一起闲聊的时候，我总会向他们请教：“你是怎么走上名师的道路的？回顾你成为名师的历程，你能提炼几个关键词吗？”我采访了几十位名师，把他们所提炼的成长为名师的关键词整合了一下，浓缩成五个关键词，我称之为“名师成长的密码”。

第一个关键词：梦想

所有的名师无一例外，从走上工作岗位的那一天开始，他们就对自己的人生有规划、有期待、有追求。

1. **名人例证：梦想成就大业**

我先从历史上的几个名人讲起。秦始皇统一六国后，在很多地方巡视，可谓威风凛凛，威震八方，那个场面非常壮观。民众都挤到街道两旁去看热闹，真是万人空巷。有两位中国历史上赫赫有名的人物，也看到了秦始皇巡视的场景，司马迁在《史记》中对此有记载。一个是项羽。项羽看到这个场景时无比羡慕，他当时还是一位年轻的小伙子，却指着秦始皇的车，说了这么一句话："彼可取而代也。"这句话一说，站在他身后的叔父项梁吓坏了，连忙捂住他的嘴说："小子，你怎么能讲这句话，你讲这句话可是要被杀头的。"项羽是有野心的，他的野心是什么？就是要取代秦始皇。正因为项羽有这个野心，后面才有他成就霸业的行动，他才能成为西楚霸王。

《史记》中记载的另一个见到秦始皇巡视的人叫刘邦。刘邦看到秦始皇巡视的壮观场面，也讲了一句话："嗟乎，大丈夫当如此也！"意思是说："做大丈夫就应该这样。"项羽和刘邦两个人说的话不同，但表达的志向和情怀是一样的，也就是要做像秦始皇这样的大丈夫。我们可以说他们有野心，可以说他们有梦想，也可以说他们有理想。我曾经写过一篇文章，探讨教师培训的首要任务是什么。我认为，教师培训的首要任务不仅是培训教师的专业知识、专业技能，还要给每一位教师的内心播下一颗种子，什么种子？有梦想、有追求的种子。

大家一直在探讨优秀教师的核心素养问题，我也曾经写过一篇文章，谈如何提高教师的核心素养。我认为教师的核心素养包括两部分内容，第一部分是教育情怀；第二部分是教育能力。一位教师如果没有自己的教育情怀，他的能力也不可能高到哪里去。古今中外的教育大家，他们的境界高在哪里？就高在他们有大的情怀、大的格局、大的境界，只有有大情怀、大格局、大境界的人才能成为教育大家、教育名家。

2.《丑小鸭》的启示：心中要有追求

2016年6月，我作为中国小学知名校长之一，到法国巴黎参加联合国教科文组织举办的中法知名小学校长论坛。带队的是亚太地区联合国教科文组织协会联合会的名誉主席、中国的教育专家陶西平。陶老一上车，就和同车的校长们说："各位校长，我们车上有29位校长，我下个月去参加世界安徒生诞辰纪念会，在会上要做一个讲话，我想请大家帮我一个忙，你们能不能帮我收集几篇小学生写的关于安徒生的《丑小鸭》《卖火柴的小女孩》《皇帝的新装》的读后感？我还需要你们在每篇读后感中摘取关键的几句话，我要把孩子们读安徒生童话的感受引用到我的文章中去。"当时我在法国，于是马上给我们的教导处主任发了一个微信，告诉她陶西平老先生需要一些学生写的关于安徒生童话的读后感。教导处主任很快就把她班上学生写的读后感一一发到了我的手机上。几分钟之后我就转发给了陶老，对此，陶老很感慨。

接下来，陶老和我探讨了一个问题，他说："孙校长，我跟您讨论一下，丑小鸭是怎么成为白天鹅的？它本身就是一个天鹅蛋，如果这个蛋是鸭蛋，它能不能长成白天鹅呢？"我说："陶老，您这个问题提得很有意思，对这个问题我也曾经做过思考，我谈谈我不成熟的想法吧。文章中表面上写的是一个天鹅的蛋掉在了鸭蛋里面，鸭妈妈把它孵出来。然后整个鸭群都欺侮它，觉得它长得丑陋，所有的鸭子，连鸭妈妈也瞧不起它，最后它只能逃避，逃到大自然中去，逃到沼泽地去，逃到池塘去。当它看到天上有一群天鹅飞过，它们长得那么美，飞得那么自由、那么优雅，非常羡慕，心想：'哦，如果我是天上的一只白天鹅……'就当它在羡慕、憧憬的时候，它低下头一看，发现水里面也有一只天鹅，它自己已经变成了一只白天鹅。陶老，我对此是这么理解的。虽然文章中写的是天鹅的蛋，但我对它的解读是，这个天鹅的蛋其实延伸开去，就是你有没有想成长为天鹅的种子、成长为天鹅的梦想。我认为《丑小鸭》

这篇文章，其实写的就是安徒生自己。因为安徒生长在贫民窟，他认为，他的父亲是一个鞋匠，他就是一个穷人的孩子，他就是一只丑小鸭，也受人欺侮，但他内心有一颗想‘成长为天鹅’的种子，他心中有一颗‘天鹅的蛋’，而最终，安徒生成了世界著名的儿童文学家，跻身于世界文豪的行列当中。他本来就是一只‘丑小鸭’，怎么能变成‘天鹅’呢？因为他心中有种子，因为他有梦想、有追求。”

3. **成长历程：从小县城走向全国大舞台**

我想到了我 18 岁那年，师范刚毕业，在丹阳师范附小教书。我清楚地记得我第一年教的是三年级，坐在我办公桌对面的老师，姓刘。一天早晨，刘老师在办公桌前坐下来，倒一杯水，然后从自己的包里掏出两瓶药。她吃药之前，会跟我说：“小孙啊，你离我远一点，我又感冒了，不要把感冒传染给你。”看着白发苍苍的刘老师，我开始思考，开始想我的人生大问题——我从哪里来？我往哪里去？我现在才 18 岁，我的人生会是怎样的人生呢？刘老师的今天就是我的明天吗？这一辈子从黑发变成白发，从直背变成驼背，我的未来就是刘老师今天这个样子吗？坦率地说，我不甘心、不情愿。那么，要怎么去规划自己的人生呢？实事求是地讲，因为当时考上师范院校的都是中学里面成绩最好的学生，我是以我们镇总分第一名的成绩考上的师范。在中学读书的时候，我的成绩比其他同学要好，他们做作业做不出来，就拿我的作业去抄。但后来很多同学读了高中，考上了大学，成了大学生，而我只是中师生，心里很失衡。

我曾经跟我们老校长说，我要去考大学。老校长很喜欢我，为了挽留我，他跟我整整谈了一上午。他说：“我也是中师毕业，也是一辈子从事小学教育事业，我的同学有的后来也考了大学，结果工作了一辈子仍然不如我。”老校长现身说法，是叫我不要考大学，安心从事小学教育工作。最后，走之前他问我一句话：“小孙，你想通没有？你还想考大学吗？”那时候的我，年轻气盛，不懂得领导的心，回了一句：“校长，我还是想考大学。”老校长听了我的话，脸一沉：“你如果还想考大学，我马上把你调到农村去。”老校长说要把我调到农村去，是玩笑话，他只是想留住我，用来打消我考大学的念头。

我工作的第六年，遇到了我生命中的一个贵人，他当时是江苏省教研室的一名小学语文教研员。他来我们学校调研课题，我作为教导处主任接待他，在小会议室跟他聊了一个中午。就是这番交流，改变了我命运的轨迹。这期间到底发生了什么呢？这位教研员在跟我交流的时候，促发了很多感触，他一直在思考，要怎么给这些小学教师当中的优秀青年教师搭建平台，让他们更好地成长。于是，他向江苏省教育厅、向他们的教研室主任打了个报告，提议在江苏省举行首届语文青年教师大奖赛。参赛教师先在学校比，再在县里比，之后在市里比，最后参加江苏省的比赛。我报名参加了。我在我们学校上了袁鹰的散文《小站》这一课，获得了第一名，然后参加县里的青年教师大赛。我们当时是怎么赛课的呢？所有参赛的选手全部集中到进修学校，住在进修学校，每人只允许带一本《现代汉语词典》，要讲的课文，必须是教材之外的课文。一个人独立备课一个晚上，第二天借班上课。

我记得很清楚，当时我拿到的是我们丹阳的乡土教材上的一篇课文。丹阳是黄酒之乡，那篇文章我记得很清楚，叫《中国琼浆——丹阳封缸酒》。晚上备课到十一点，我实在太困了，就到校园里转一圈，刚好遇到我读师范时的陈一飞老师。他问我："小孙，你怎么在这里呢？"我就跟他说我参加县里的比赛，他问我备课备得怎么样了。我说备得有点困难，昏昏沉沉，出来转一转。当时，陈一飞老师讲了一句话，他说："小孙啊，人生能有几回搏，今天就到了你人生拼搏的时候了。你就是一个晚上不睡觉，也要把课备出来。"陈老师讲完这句话就走了。但是，这句话把我惊醒了，我转身回房间继续备课。第二天借班上课，我获得了我们县比赛的一等奖，被选送参加镇江市的比赛。我记得比赛时是住在五条街招待所里，给我们的是一篇课外的散文《迟归》。当天晚上，我又是一个晚上没睡觉，第二天，在中山路小学借班上课，我又获得镇江市的青年教师比赛一等奖。接下来，要参加省级比赛了。

1988 年 12 月，我只身一人来到江苏省仪征市参赛。去的时候，我背了一个布包。布包里装的是一本《现代汉语词典》和一盒人参蜂王浆。人参蜂王浆是当时很流行的一种营养品。我就带了这两样东西，一个人乘长途公共汽车到仪征。

抽签的结果出来了，我要给中年级上课。抽到的课文也是课外的，是著名作家严文井的童话《小溪流的歌》。

这次赛课邀请了当时江苏省最知名的几位教师，斯霞、李吉林、袁浩、顾美云，还有现在活跃在全国教育讲坛的成尚荣先生。我又是一个晚上没睡觉。

第二天的第一堂课就是我的课。我不仅上完了自己的课，而且把后面五堂同样上《小溪流的歌》的课全部听了一遍。听完其他选手的课之后，我心里有了底，心想我出线还是有希望的。

到了吃晚饭的时候，江苏教育报社的许远新编辑走到我面前说："小孙，告诉你一个好消息，明天请三位老师上汇报课，省教委主任要亲自听课。低年级的课是斯霞老师的徒弟上，中年级的课是你上，高年级的课是李吉林老师的徒弟上，你们三个人上汇报课。"

第二天，上汇报课，其他两位青年教师比较有压力，而我是一个来自县城的老师，谁也不认识我，所以我上课就没有这样的负担，完全放得开，就按自己的方式来上这堂汇报课。

因为那一次是江苏省首届青年语文老师赛课，所以，《江苏教育》杂志介绍了我们六位获一等奖的选手，并对每个人进行了评价。是怎么评价我的呢？大体意思我还记得：孙双金老师在讲台前，风度翩翩，光彩照人，他出众的才技和缜密的思维，把学生带入了艺术的殿堂，听他的课是一种艺术的享受。

上完汇报课之后，我坐在台下，北京来的专家对我说："小伙子，祝贺你！你将会成为全国的教学明星。"

1989 年，我又赶上了全国中青年教师阅读教学大赛，这是第一届全国性的阅读教学大赛，每个省推选一位教师参赛，没有年龄限制。每个人在自己的成长过程中都会遇到贵人，我觉得我是很幸运的，这次省教研室推选我代表江苏省参加这次全国性的赛课。

那一年的大赛是 11 月份在四川成都举行的，比赛第一天，到了会场，我才知道参赛选手不乏经验丰富的老教师，有中学高级职称的也不少，而我当时 27 岁，还只是小学一级教师。我讲的课文是袁鹰的《白杨》，四川、黑龙江、内蒙古的选手也是讲《白杨》，我的课安排在比赛最后一天的下午。

三天的课听下来叫人昏昏欲睡，记得我们省教研室的朱主任还悄悄地跟我说："小孙，你上台一定要震住大家，要吸引大家。"后来，他在一篇文章当中写了我教学这一课的片段。那次比赛，一共评了 10 个一等奖，我是 10 个一等奖当中的第二名。那次比赛之后，我这个默默无闻的县城小学青年教师，一下子跃上了全国教学改革的大平台。回过头来想一想，我 1981 年参加工作，1988 年参加全省赛课，1989 年参加全国赛课，为什么在比较短的时间里我能够比较快地抓住机遇，使自己脱颖而出呢？经过反思，我觉得梦想和追求是支撑我不停地往前走的动力。

其实我的内心早已经暗暗地立下一个志愿，我要么不做小学教师，要做小学教师，就做最好的小学教师。所以，做最好的自己，做最好的小学教师，也成了我 18 岁时的人生梦想。

第二个关键词： 读书

我能这样一路走过来的原因，还有多读书。我也多次向陶继新老师请教，他这么成功、这么优秀的原因是什么？陶老师给我的答案，也是读书。讲到读书，我就想起了我在师范学习时和从教后的几个生活片段。

1. 读书情结：浸润书香的精神之旅

我在师范读书时，可以说，几乎所有的节假日都是在图书馆度过的。后来，我的学弟、学妹们到图书馆借书，经常遇到一件"怪事"——他们会说："哎，孙老师，我发现凡是我借的书，借书卡当中都有你的名字。"——那时借书都要登记借书卡。确实，学校图书馆里我认为比较好的书，我几乎都看过。后来，我到丹阳师范附小工作之后，学校图书室里我认为好的图书也基本上全看了。每到放寒、暑假的时候，我都会到图书室借一摞书背回家，然后，就在自己家的楼上安安静静地看书。当时我父亲见我这样很着急，念叨我说："人家做老师的回来不是打牌就是钓鱼，你回到家里就是看书，这样下去不成了'书呆子'吗?""你这样怎么得了，你看人家都结婚了，你还单身一人。"因为当时我的同龄人几乎都谈了对象，好多也成家了，而我的条件也不是太好，没有谈到合适的女朋友，所以父亲就着急起来了。

我记得有一年中秋节，学校放假，校园里面空荡荡的，就我一个人在办公室里读书。丹阳师范学校（今丹阳师范学院）的陈琪玉老师带着亲戚到学校参观，看到我在办公室里，就推开门，问我："小孙啊，今天是中秋节，大家都回家了，你怎么不回去啊?"陈老师这句话刚说完，我的眼泪当时就淌下来了。其实中秋节对我来说是比较特殊的日子，因为我的父亲就是在中秋节那一天遭遇车祸去世的。那天陈老师在办公室跟我交谈之后，我写了一篇日记，在日记中我写道："我对父亲最好的告慰是什么？我对父亲最好的告慰，就是好好工作，把书教好，做让自己满意的老师，让父亲放心，这是我作为儿子对父亲最大的告慰。"

我跟陶继新老师合作写过一本书——《情智教育十日谈》，我们用10天的时间就完成了。陶老师在书中讲了许多他的故事，他说他在曲阜师范大学做老师时，他的同事当中有人比他优秀，但是二三十年之后，那些优秀的同事再次见到陶老师的时候，惊讶了，问他怎么变得这么优秀，陶老师说："他们不知道，我这二三十年埋头读了多少书啊!"我记得很清楚，陶老师说他49岁开始背《论语》。他还对女儿说，把《论语》通篇背下来，就奖励她。女儿出嫁时他没有给她多少嫁妆，但是让女儿背下了《论语》，背下了《道德经》，这是他给女儿的一笔文化财富。现在，他的外孙女6岁就开始背《论语》《道德经》了。陶老师为什么能在教育界有那么大的影响力?是读书滋润了他。

2. 文化支撑：成功就是比别人多读一本书

有一年的世界读书节，人民教育杂志社约我写一篇稿子，我就写了《成功，就是比别人多读一本书》这篇文章。我曾经在书上看到一个故事：荷兰的一个大企业要在中国找个总代理，有两家企业在竞争，一个是资产一个亿的企业，另外一个是资产240个亿的大企业。荷兰企业的总裁专程到中国来考察，首先到资产一个亿的那家企业，考察完之后就到企业家的办公室跟他交流。荷兰企业的总裁一走进这个企业家的办公室就被这个企业家的书柜震惊了。这个很大的办公室的四周全是书柜，放满了书。荷兰企业的总裁在参观时看到一本他喜欢的书——老子的《道德经》，他对老子非常崇拜，于是他们就交流起来，没想到这个中国企业家对老子颇有研究，俩人越谈越投机。最后，荷兰企业的总裁说："第二家企业我就不去了，中国的总代理非你莫属，我就选你了。"事后记者采访这位企业家，问他是怎么打败那家资产是他的240倍的对手的，这个企业家讲了一句话："如果在这件事情上我成功了的话，我的感受就是——成功就是比别人多读一本书。"其实这位企业家之所以能取得成功就在于他深厚的文化积淀，他是一个地道的儒商，他的文化积淀推动了他的企业不断地发展。

3. 我读《论语》：走向中国的《圣经》

我觉得孔子最值得自豪的，不是所谓的"仁"，不是所谓的"义"，不是所谓的"中道"，而是一个字——学。孔子《论语》开篇第一个字就是"学"，"学"是贯穿《论语》始终，也是贯穿孔子一生的最为重要的品格。我曾经给孩子们上过《论语》，并给孩子们设置了这样一个情境：

孔子学院的钟声响起来了，四面八方的弟子汇聚在杏树下，静静地等待他们的老师——孔子，来给他们举行开学典礼。只见孔子健步走上讲台，大声说了三句话——第一句话："学而时习之，不亦说乎？"第二句话："有朋自远方来，不亦乐乎？"第三句话："人不知而不愠，不亦君子乎？"说完这三句话，孔子朝他的弟子们一看，只见有的弟子喜笑颜开，有的弟子紧锁眉头，有的弟子低首沉思。孔子微微一笑，转身走下讲台，回了他的书房。老师一走，学生就议论开了："子贡同学，老师开学典礼为什么只讲三句话？"子贡同学就问最好学的颜回："颜回，老师这三句话是什么意思呢？"……

其实，孔子在开学典礼上说的这三句话，就是《论语》的大纲，所谓"纲举目张"。学，是人生最大的快乐。孔子说过，到几个村上去找，像他这样尽心诚信的人，可以找出很多，但是像他这样好学的人，找不出第二个，这是孔子引以为豪的。"学而不厌"，是孔子成为伟大的思想家、教育家、哲学家的最核心的因素。正因为他"学而不厌"，所以才有资格去"诲人"，才能诲人不倦。所以，我常对我们学校的老师说，一个教书的人，最大的特点是什么？我认为最大的特点就是，他是读书人。这就是"问渠那得清如许，为有源头活水来"。如果你不是一个真正的读书人，你就不可能成为一个真正的教书人。

老师们都愿意读书，但是受应试教育的影响，往往只读"三本书"，第一本是教科书，第二本是教学参考书，第三本是练习册。一辈子就读这"三本书"的结果会是什么样的呢？我们往往会遇到这样的老师，今年教一年级，明年教二年级，后年又教一年级……就这样教了一辈子。如果你安排他教小学五、六年级，他就说："校长，我教不了。"他本来是一个大学生，教了一辈子书，结果只能教小学一、二年级，他是成长了还是退化了？显然是退化了。这是非常令人痛心的。

前几年，我大概花了两年的时间读《论语》，我觉得对我的帮助特别大。2005 年，我到英国，有一件事情刺激了我。曼彻斯特大学的一位教授在课后跟我们聊天，当他得知我们来自中国时，就问了我两个问题，第一个问题是："你会打太极吗？"我当时回答说，会一点点，但是不深、不精。接着，他又问了第二个问题："你来自中国，是从孔子的故乡来的，你能不能给我们讲讲孔子？"这个问题一问，我还真有点汗颜。那时的我真讲不了多少孔子，所以回国之后，我就决心读《论语》。还有一件事让我记忆深刻，当时我们住的酒店的床头放了一本书，厚厚的，拿起来一看，是《圣经》。问酒店里的服务员为什么会放一本《圣经》，他们说："你可以把《圣经》带走，这是免费赠送给客人的。"他们酒店的每个房间里面都有一本《圣经》。当时我就想，我们中国有没有"圣经"呢？有，不是一本，是两本，一本是孔子的《论语》，一本是老子的《道德经》。为了读《论语》，我大概买了 20 多本有关《论语》的书，如《孔子这个人》《孔子的故事》等；尤其是南怀瑾的《论语别裁》、李泽厚的《论语今读》，更是精研细读。我让自己静下来，认认真真读了两年的《论语》，读完《论语》之后，也曾到外面去讲过。

关于讲《论语》，还有这样一个故事。有一次，南京市教育局的局长问我："孙校长，你认识的人比较多，你能不能给我们推荐一些讲《论语》的名家？"当时刚好我也在读《论语》，就跟他谈了谈我自己读《论语》的体会，谈了大概 10 分钟。他说："好，孙校长，我不请别人了，就请你，今年暑假，我们南京市教育局要对各位中学校长和市教育局的机关干部进行培训，要请一个人讲《论语》，就请你了。"我说："我不能接受这个任务，你们参加培训的全是教育局的领导，还有全市所有高中的校长，我怎么能在他们面前班门弄斧呢？"他说："你刚才跟我讲了 10 分钟，我认为你能讲，我把这个任务交给你了，你今年暑假给我们培训班做一场关于《论语》的讲座。"

领了这个任务，我回家后做了认真的准备。那年暑假，我给全市的高中校长讲了一次《论语》。讲完之后，我们局长对我说："孙校长，我告诉你，你是南京教育历史上第一次给机关干部和高中校长讲课的小学校长。"所以，有的时候被逼接受任务，也是在逼迫自己往前走。

4. 我读《西游记》：向唐僧学管理

我写过一篇文章《校长要学唐僧》，有的校长可能会问：校长为什么要学唐僧？唐僧手无缚鸡之力、人妖不分、是非颠倒，我们的校长要学这样的唐僧吗？我来谈谈我的理解。校长为什么要学唐僧？因为唐僧有我们好多校长都不具备的优点。我认为校长可以分为两种：一种是管理型校长，另一种是领导型校长。"管理型"和"领导型”最大的区别是什么？我打个比方，在一片草地上放羊，让这些羊安安静静地在草地上吃草，不打闹，不出乱子，这是管理型。管理型校长就是让“羊”在这个地方老老实实、安安静静、规规矩矩地“吃草”。那领导型校长怎么做呢？他会带着这批“羊”不断地去寻找肥美的草地，不断地寻找幸福的人生，不断地提升他们生活的品质和生活的境界。

我们来解读一下唐僧。第一，唐僧有非常明确的人生目标和愿景，他要带着他的徒弟们到西天去取得真经。而现实中的校长们，你有没有反思一下自己，你要把你的团队带到哪里去？唐僧的团队是一个什么样的团队？其实，唐僧的团队真不是好的团队：首先，孙悟空这个徒弟调皮捣蛋，大闹天宫，目中无人，这样的人是很难管理的；其次，猪八戒好吃懒做、贪图女色，整天想着回高老庄，就想守着高老庄一亩三分田，过他的小日子；最后，沙和尚整天只会挑个担子，没有思想，没有观点，没有主张。

我记得在江苏的淮安——周恩来同志的故乡，搞了个校长培训班，参与者都是农村学校的校长，请他们讲他们的办学思路时，好多校长都讲他们的教师队伍怎么差。我就给他们讲了唐僧的故事，我说：“你看唐僧的团队是什么样的团队？比你们的团队好不到哪里去。”

唐僧是怎么带好他的团队的呢？就是用愿景、用目标、用理想来引导他们——你们一定要跟我到西天去取得真经，你们取了真经回来之后，个个都能得道成佛。有愿景、有理想，这是唐僧第一个成功之处。

唐僧的第二个成功之处是百折不挠。唐僧在西天取经的路上历经九九八十一难，遇到无数妖魔鬼怪。我们校长在追寻理想的征途中，也会遇到许许多多的困难，但是还没有难到唐僧这个程度，没有妖怪要你的命，要吃你的肉。我们校长在办学的过程中、在追寻理想的过程中遇到困难该怎么办？我们要学唐僧百折不挠、勇往直前、永不回头的精神。

唐僧的第三个成功之处是有一颗大爱之心。唐僧的大爱表现在他不管到哪里，一见到寺庙就拜佛。爱到什么程度？爱到连自己的敌人都爱，这叫什么爱？这叫大爱，这叫慈悲的情怀。我们校长能不能像唐僧那样不但爱拥护自己的人，爱支持自己的人，也爱反对自己的人？如果你有这样的胸怀，能够去爱反对自己的人，那就拥有了大爱，有了慈悲的情怀。

唐僧的第四个成功之处是有管理的手段。唐僧有什么管理手段？对孙悟空他是如何管理的？念紧箍咒。紧箍咒是什么？“紧箍咒”就是学校里的规章制度，只要有规章、制度、法规的约束，像孙悟空这样调皮捣蛋的人，你也能把他管住。我们校长有权力，校长的权力就是制度，制度的约束就是你管理的法宝。

唐僧的第五个成功之处是有人脉。他的人脉在哪里？他的人脉在天上。在紧要关头，天上的观音菩萨、玉皇大帝都会来帮他。所以，校长也要有人脉。校长的人脉在哪里？首先在学校内部，就是你的班子、你的教师，你爱他们、依靠他们、尊重他们，他们就支持你、拥护你，这是第一人脉。第二人脉要往“天上”去，就是你上面的教育局长，就是区委、区政府的领导。当你遇到困难的时候，他们会来帮助你、关心你，助你化解困难。一个好的领导者要有好的人脉，这个人脉资源是不能缺少的。所以，唐僧这样一个手无缚鸡之力的人，才能带领一个并不好的团队，经历九九八十一难，完成几乎所有人都认为是天方夜谭的、不能完成的任务，到西天取得真经。

孔子说过，“己欲立而立人，己欲达而达人。”我作为校长是特级教师，我也要让副校长、骨干教师成为特级教师；我作为校长取得了一些成功，我也要让我身边的人通过努力，都取得成功，这就是“己欲立而立人，己欲达而达人”。你让你周围的人都取得成功了，这是大家集体的成功，这是大家共同的成功，我认为这也是校长最大的成功。

前段时间曾经流行关于“教师第一”和“学生第一”的说法。李希贵写过一本书叫《学生第一》。对“谁是第一”这个问题，我怎么认为的呢？“第一”只有一个。我看到工地上经常挂着大幅标语，写着“安全第一”，然后旁边又写了一幅标语“质量第一”。“第一”能有几个？怎么又是“安全第一”，又是“质量第一”？这在逻辑上讲不通啊。在这个逻辑关系当中，到底谁是“第一”呢？我认为应该是这样的：在校长眼中，教师第一；在教师眼中，学生第一！作为校长最主要的任务是培养自己的教师队伍，带出一支优良的教师队伍，这是校长最重要的使命。如果校长把教师队伍培养好了，把教师培养好了，教师就能把学生培养好，那学校的发展也就自然好了。

5. 博览群书：腹有诗书气自华

我们再回到读书的话题。我们应该读哪些书呢？

第一，要读名人、伟人的传记。读这些书最大的好处是什么？是能让你知道名人和伟人为什么成为名人和伟人，知道他们成功背后付出的汗水、泪水、心血。所以，教师尤其要读名人、伟人的传记。

第二，要读艺术类的书。作为教师，就是要引导学生追求真、善、美，一个教师、一个校长有没有艺术素养对学生的成长非常重要。其实，我的课堂教学艺术就受了电影艺术的影响。艺术讲究什么？讲究高潮迭起、节奏快慢，讲究内在的韵律，讲究含蓄和回味无穷，讲究留白，讲究遗憾。维纳斯的手臂谁也接不上去，这就叫遗憾的美。

第三，要读心理学的书。我们教育工作者一定要懂儿童。我曾到过泉州，而且专门到泉州李贽故居去看了一下。李贽是明代伟大的思想家、史学家，也可以称之为教育家。他写了一本书，是关于“童心说”的，在那个年代提出了“童心”学说，很了不起。我们现在很多教育者讲“爱的教育”，但是有些人把“童心”丢掉了，小学教育如果不研究“童心”，我们的“爱”就没有根基，就是在爱的名义下对学生的一种摧残，所以，研究“童心”是我们教师终身要做的事。我有一个观点，即一堂好课的最高标准是好玩。人生的最高境界用梁启超的话说，就是要有情、有味，也可以解读为“好玩”。上课的最高境界也是“好玩”，要让学生们沉醉、陶醉其中，在玩中学得知识、获取能力、提升素养。所以，一个好的教师一上课就要把学生的心抓住，让他们感觉到上课有趣，感觉到上课好玩。

第四，要读一些哲学类的书。哲学书是我在40岁之后读得最多的一类书。我发现，自从亲近哲学以后，我的人生境界得到了一些提升。

还有，就是要读和你的学科相关的书，如语文教师读文学、语文教学法，等等。

周国平先生在他的《教育的七条箴言》中写过这么一句话："我发现，关于教育最中肯、最精彩的话往往出自哲学家之口。"为什么哲学家谈教育谈得这么深刻呢？因为他站到哲学的高度、站到人生的高度、站到世界的高度来审视人的本质。如果一个教师有专业素养、有艺术素养、有美学素养、有心理学素养、有哲学素养，那他一定是个好教师。

关于教师的核心素养，我觉得华东师范大学的叶澜教授的观点不错，她认为，教师的核心素养要有三个"底"——底线、底色、底蕴。如果让我也选三个词来概述教师的核心素养，我选这三个——身体、心灵、大脑。具体来说，所谓教师的核心素养，第一是健康的身体，健康的身体是核心素养的基础、保障。第二是善良的心灵，心是给人护航的，心给人设了底线，一个善良的人的素养坏不到哪里去。我们的教育就是要让每一个人都有一颗善良的心。第三是聪慧的大脑，教师要有知识、有文化、有智慧。一个教师有健康的身体、善良的心灵、聪慧的大脑，那他就具备了较好的核心素养。

第三个关键词：上课

我拜读过李镇西的一篇文章，是写给青年教师的，谈如何成为名师。其中一个观点就是我讲的第三个关键词——上课。名师都是能够上好课的，而且能上好两种类型的课，一种是家常课，另一种是公开课。

1. 学术引领：校长上任三堂课

我到南京市北京东路小学当校长后第一学期上的几堂课，是如何上的呢？因为我刚从其他学校调过来，所以第一学期的首要任务是学习、听课。有一天，快上课了，我打电话给三年级的老师，当时是吴老师接的电话。我说："吴老师，该你上语文课了吗？"她说："是我的语文课。"我说："我来听你的课，你讲什么内容？"她说："《拉萨的天空》。"我说："好，我马上过来，你给我准备一本语文书，《拉萨的天空》这篇课文我没教过，不太熟悉。"我赶到教师办公室，刚把《拉萨的天空》看了两遍就到上课时间了，于是，我立即走进教室听课。

吴老师的课上得条理清楚、重点突出，是一堂很不错的家常课。上完课之后，吴老师走到我面前说："孙校长，请您对我的课提提意见吧。"我说："今天不提意见。"她一愣："啊？不提意见？"我说："下一堂课我在隔壁三年级（6）班也上《拉萨的天空》，你来听我上课。"她更惊讶了，因为我根本还没备课。我说："我不备课。你通知全校的语文老师，凡是不上课的，都来听我上《拉萨的天空》。"这是我到学校的第一次亮相，老师们都很期待，都很想看看这位新校长怎么上课，连其他学科的老师都来听了。

上课铃一响，我转身在黑板写了五个大字：拉萨的天空。写完了，转过身说："小朋友，谁能发现今天孙老师写的'拉萨的天空'有什么特别的地方？"刚开始学生说没什么不一样。我说："中国有一个词语，叫'聪明'，这两个字都跟你的眼睛有关系，一个聪明的人一定有一双善于发现的眼睛、独特的眼睛，能够看到别人看不到的地方，这样的人就很'聪明'。"一个小男孩第一个举手，说："老师，我发现你这五个字不一样的地方了。""请讲。"他说："'天空'这两个字你是用蓝色粉笔写的。"我走到他跟前去看着他的眼睛，说："你们看这个小朋友的眼睛亮闪闪的，他能够发现你们发现不了的东西，他就是一个聪明的孩子！我要提出第二个问题了，我为什么用蓝色粉笔写'天空'两个字呢？"这一次举手的人很多，我叫了一个小朋友，他说："老师，是不是拉萨的天空特别蓝，比我们南京的天空蓝，所以您用蓝色粉笔写‘天空’两个字？”我说：“聪明不仅要有一双独特的眼睛，还要有一个特殊的大脑，要善于思考。”我摸摸那位小朋友的头，说：“你看这个小朋友的头多大啊，这个大头中充满智慧，善于思考。”我暗中观察这两个小朋友，他们坐下之后，胸脯挺得高高的，头抬得高高的，很自豪。

我接着又问：“同学们，再看看这几个字还有什么地方不一般？”第三个小朋友举手了：“老师，你把‘拉萨’两个字写得特别大，是不是这篇文章的重点在‘拉萨’这两个字上？课文里的天空不是南京的天空，是拉萨的天空，所以你把‘拉萨’写得大一些，强调它是这篇文章的重点。”我走过去握住他的小手，说：“你就是我的知音，你真懂我。”这个小朋友也感觉好极了，坐下去，胸脯挺得也很高。针对每一个孩子的发言，我的赞美之辞各不相同。我问：“还有什么地方不一样？”这一次举手的孩子更多了，几乎举成一片了。他们知道，只要发言，就会得到老师的表扬。第四个小朋友说：“老师，您‘拉萨的天空’中‘的’字写得特别小，我想这个‘的’字肯定没什么意义，所以您就把它写小了。”我走过去，对他说：“这样的发现、这样的话语一般小学生说不出来，中学生也未必说得出来，起码是大学生才能讲出来，这关乎到我们中国汉字虚实用法的问题。什么叫实词和虚词？这是大学里学的知识，你这个小学三年级的学生能够讲出这么深奥的学问来，掌声送给你！”全班立马响起热烈的掌声，这个小朋友感觉妙极了，坐下去时不仅挺起胸脯来，连肚子也挺起来了。

接下去我解释：“请同学们注意，老师的板书不是随便写的。我写每一个字，大小、颜色、位置都是有讲究的。”这句话仅仅是讲给学生听吗？不，我还要讲给所有听课的老师听：老师的板书是有讲究的，不是随便写的。我接着说：“拉萨的天空是怎样的呢？我们不知道，我们先说说南京的天空是怎样的吧！”这一问，把小朋友们都问住了。我说：“你们天天生活在南京，请你讲南京的天空，你竟然讲不出来。我用一个成语来描绘这一现象，叫‘熟视无睹’——天天看到，却像没看到一样。这是我们经常犯的一个毛病，每天看到美好事物而不关注。好，我给你们一分钟时间，到走廊上看看南京的天空，回来后用几句话跟我讲一讲南京的天空。”小朋友们安安静静地出去了，一会儿就回来了。

第一个小朋友说：“老师，南京的天空灰蒙蒙的。”那时是2003年，我刚调到南京，不知道有雾霾，其实学生们看到的就是雾霾。

第二个小朋友说：“老师，南京的天空一只鸟都没有。”

“哎，我们学校地处南京中心，太热闹啦，所以天空中看不到一只鸟。”

第三个小朋友站起来说：“老师，从南京的天空中我看到了压抑、不舒服，我心里不高兴，我心里难受。”

“这就是现代化城市带给人的失落。”我说，“你们想不想看看拉萨的天空?”

“想!”

“把书打开，我们来大声地读《拉萨的天空》。”

小朋友们纷纷打开书，动情地读了起来。

最后一个教学环节，我讲到一个词——“神往”。我把它写到黑板上之后，说：“我宣布明天放假，我带咱们班小朋友坐飞机到拉萨去，看拉萨的天空。”小朋友们全部沸腾起来了。等他们欢呼完坐下之后，我说：“这是开玩笑的，但是你们刚才是什么心情?”小朋友说：“我们的心刚才就飞到拉萨了。”我说：“这就叫‘神往’。”我不会说“请你来解释‘神往’这个词”。下课铃响了，小朋友们都不肯下课，说：“老师，您继续上吧，不下课。”我说：“该下课了，下课就要休息。”下课之后，小朋友们都围到我身边来，说：“老师，您什么时候再来给我们上课啊?”都围着我，希望我再给他们上课。为什么他们喜欢我的课呢？因为课堂上，我会给他们每人一个好“名号”，这些名号还因人而异，各不相同，有“江南才子”，有“江南才女”，有“我的知音”，有“独特的发现者”……有时还摸摸他们的小脑袋。什么叫个性化教学？什么叫鼓励个性发展？每个人都是不一样的，你给他的表扬、给他的赞美也应该是不同的，要因人而异，不能只是机械地鼓掌。

之前上《拉萨的天空》的吴老师也来找我了，说："孙校长，我知道您为什么不评我的课，而是直接到隔壁班上课了。"我说："为什么?""您给我评课是'纸上谈兵'，您亲自上课给我听，那叫'现身说法'。这让我鲜活地看到了什么叫情智语文，看到了让情感充满课堂的魅力。我原来的课条理也很清楚，重点也很突出，但是上课的时候，我跟学生仿佛就是'两张皮'，而您一上课，学生全部融入到您的教学当中去了。"我说："教学归根结底是教人，你所有的知识、所有的能力都要跟学生的情感融化在一起，学生才能喜欢你的课，才能记住你的课，才能永远不忘记你的课。"

此后，新教师刚到学校来，我都要听他的课。有次听一位新教师的课，他讲了10分钟，我说："停，你下来，我讲10分钟，我讲完了，你再上来讲10分钟。"他讲10分钟，我讲10分钟，他讲10分钟，我讲10分钟，就这样上完了一堂课。下课之后，我说："请你到我办公室里来，我们聊聊，听听你有什么感受。"这位新教师说："孙校长，奇怪了，我上课课堂上一潭死水，您一上课学生就活跃起来了。"我让他先说说为什么。他说："我发现您提的问题跟我的不一样，您的问题一提出来，学生回答的积极性马上被激发出来了，总是能'一石激起千层浪'，我提的问题学生却没什么反应。"我说："问题就像一块石头一样，你的问题扔到了河岸上，而我的问题扔到了水里。问题要扔到水的中央去，才能激起千层浪，这个水中央就是学生思维的兴奋点。所以问题要扔到学生思维的'愤''悱'处，扔到学生既懂又不懂的模糊处，甚至扔到学生没有问题的地方。"

如何在矛盾处提出富有思考价值的问题呢？这需要教师在解读文本的时候，要有一双慧眼，要善于发现。

举个例子，我教学李白的《赠汪伦》："李白乘舟将欲行，忽闻岸上踏歌声。桃花潭水深千尺，不及汪伦送我情。"许多老师上课问的是什么问题呢？90％的老师都这样问：你从哪儿看出李白和汪伦的感情很深呢？小朋友会说，从"桃花潭水深千尺，不及汪伦送我情"可以看出，桃花潭水比千尺还要深啊，但是也比不上汪伦送我的情谊深。老师会说，这句话是比喻，是夸张……我从来不这样提问，我是怎么提问题的呢？我会这样说："李白乘舟将欲行，忽闻岸上踏歌声。突然称之为'忽'，李白突然听到岸上踏歌的声音，也就是说之前没有听到，这歌声是没有一点预兆，突然出现的。那么我的问题来了：为什么汪伦送李白，早不送，晚不送，在家不送，出门不送，出村子不送，偏偏等李白走到桃花潭边，坐上小船要离开的时候才急急忙忙赶来相送？你们有这样送客人的吗？"小朋友都说没有。我说："这里面有故事，有空白，你们把空白补充一下。展开想象，四个人一组进行讨论，汪伦干什么去了？为什么这个时候才来送李白？你们知道李白是怎么来的吗？是汪伦写了一封信把李白骗来的：先生好游乎？我们这里有万家酒店。先生好游乎？我们这里有十里桃花。十里桃花，万家酒店，世外桃源，这不是人间仙境吗？李白接到这封信，就来到桃花村，一看，桃花潭边有一圈桃花，一圈足有十里那么长吧，就叫'十里桃花'，姓万的人家办了一家酒店，不叫'万家酒店'吗？汪伦就这样把李白骗来了。李白和汪伦都性情豪放，很快便成了知己。但李白要走的时候他为什么这么晚才来送呢？"

思考了一会儿，第一组的小朋友说："老师，我们是这样想的，是不是汪伦是个酿酒师，出去卖酒了，李白一个人在家，突然接到一封家书，有急事要赶回去？李白当时也没有手机，那怎么办呢？只能写一张纸条留下来，放在桌上。汪伦卖完酒回来看到桌上的纸条，急急忙忙赶到桃花潭相送，才出现了诗中的一幕。"我问："你姓什么？姓张？这是张家的观点。"

第二组的小朋友说："老师，我们是这样想的，李白是故意不告而别。为什么这么说呢？因为李白在汪伦家又吃又喝又住，让汪伦破费了。他要是提前告诉汪伦什么时候走，汪伦不就得准备好多礼品、好多美酒吗？他不想再让汪伦破费了，所以故意趁汪伦出去的时候，留了个纸条，不辞而别。"我说："你贵姓？姓李？李家的人懂李家人的心。"

第三组的小朋友说："老师，我们是这样想的，汪伦在家已经送过他了。汪伦把李白送出家门之后，在家坐也不是，站也不是，心想：李白是我骗来的，就这样送，不能表达我的情谊，所以，一送李白出门，二送李白上船。”我说：“你姓什么？姓王？王家人重情谊，还要一送二送。”

第四组的小朋友说：“老师，我们是这样想的，这是汪伦设计的一个局。”“啊？汪伦设计的一个什么局?”他说：“当初，汪伦是在哪里迎接李白的呢？是在桃花潭迎接的，所以，汪伦也要在桃花潭送李白，这叫前后呼应。怎么送呢？故意让李白感到失落，一个人孤零零地走，但当他失落地坐上船，刚要走的时候，汪伦叫全村的人手挽着手，抬着美酒踏歌相送。李白来得与众不同，走的时候也要与众不同，这叫前后呼应、前后照应。你看，李白在船上听到一阵阵的踏歌声，看到全村的人手挽着手来送他，怎么能不激动呢?他站起来，跳上岸，迎上前去握住汪伦的手，说：‘汪兄啊，你待我的情谊这么深，我一个书生怎么表达对你的情谊呢？拿笔来。’笔墨拿来了，李白挥笔写下了《赠汪伦》，留给汪伦作为永久的纪念。这首诗就是李白在此情此景，面对这样动人的场景和感人的兄弟情谊时脱口而出的。”

大家可以比较一下，对比一些教师提出的诸如“你从哪儿看出李白和汪伦的感情很深”的问题，我是抓住“忽闻”两个字做文章提出独特的问题的。由此可见，好的问题要能挑起矛盾，与生活经验相冲突，如“你们有这样送客人的吗”这样的问题。如何在矛盾处提出富有思考价值的问题，那就是教师在解读文本的时候，要有一双慧眼，要善于发现。

朱熹说过，读书有三个境界：第一个境界是发现问题；第二个境界是解决问题；第三个境界是在没有问题的地方又发现问题。我们教师读书也要读出这样的境界。我现在上课备课是不看参考书的，因为依赖参考书就会把自己的思维丢弃，把自己思考的权利交给别人。所以，我建议教师们在备课的时候，可以分几个层次进行：第一，自己读，自己解决文本的问题；第二，尝试发现新的问题；第三，在实在读不下去的时候，再看参考书，看你解读的哪些地方比别人深，哪些地方不如别人。

我再举一个例子，唐代诗人胡令能的《小儿垂钓》："蓬头稚子学垂纶，侧坐莓苔草映身。路人借问遥招手，怕得鱼惊不应人。"这首诗很多人都读过，但有多少人误读了它？

我曾经担任过我们江苏省的几次赛课评委，有的教师在教这首诗的时候，很明显把这首诗解读错了。这首诗写的是什么？"蓬头稚子学垂纶"，一个头发还没有束起来的、很小的、六七岁的孩子，在湖边学钓鱼。"侧坐莓苔草映身"，他侧身坐在莓苔上面，草把他整个身子都遮挡住了。其实，这里需要我们解读的有几个问题：为什么他要侧坐？为什么不说草盖身、草掩身、草藏身，而说"草映身"？所以解读文本，你要不断地提问题问自己，跟诗人"过不去"。

我曾经说过，"日照香炉生紫烟"这句诗，如果我写的话，我不会这样写，我会写"日照香炉生白烟"。因为我在庐山看到的是白烟，在黄山看到的也是白烟，为什么李白写"日照香炉生紫烟"呢？你看这就是我从诗里发现的问题，这就是矛盾，就是冲突。我们再来看"路人借问遥招手"，有人问："小朋友，杏花村怎么走？"小朋友是招手还是摆手？"怕得鱼惊不应人"，有教师解读成"小朋友说，过来过来，来到跟前我告诉你"。我说这不是小朋友的语气，是老头的语气，一点都不好玩。可那位老师却解释，这样一来说明他很有礼貌，又不耽误钓鱼，又告诉了人家杏花村怎么走。我说如果这样的话，那就一点意思也没有了。那位教师就问："孙校长，'遥招手'不是这样子吗？"我说："不对，这里的'遥招手'不是我们现在说的招手，而是摆手，'不要吵，不要吵，我的鱼要上钩了'……拒绝、不回答，这才体现出童真童趣，童心跃然纸上，这一幕才打动了诗人。"他说："你有什么理由说他是摆手呢？"我说："我的理由在第四句'怕得鱼惊不应人'，这句是什么意思？怕惊动了鱼，没有答应路人叫'不应人'。"他说："孙老师，参考资料上就是这样说，'过来，过来，然后告诉他'。"我说那就是编参考资料的人也没有读懂。所以，一个教师要想把课上好，就必须先把文本解读好。

下面，讲讲我到南京市北京东路小学上的第二堂课。有一天，五年级的语文老师在教研室集体备课，我也加入其中，备课工作接近尾声的时候，我问了他们一个问题：“你们觉得五年级哪一篇课文最难讲啊?”他们说：“孙校长，我们觉得《林冲棒打洪教头》这篇文章最难讲，文白相杂不好教。”我说：“好，下个星期三的全校业务学习，我来讲，全校老师来听我讲这篇课文。”

那个星期三的下午，全校老师都集中在阶梯教室，听我上《林冲棒打洪教头》这一课。这篇课文我怎么教呢？那时候新课改刚开始，提倡多元解读。我就想借这堂课，生动地告诉老师们什么叫多元解读。上课了，我在黑板上板书两个字：林冲。“林冲”前面我加了一个括号，我说：“这篇课文给我们描写了一个怎样的林冲呢？请大家自己读课文，拿笔在书上批注，你能写出一个描写林冲性情的词，60 分；你能写出两个词，80 分；能写出三个词，100 分；你能写出四个词，200 分！看看你读了全文之后，你能用几个词语来把林冲的性情表达出来。”小学生都喜欢争强好胜，这是儿童的特点，我依据他们这个特点，把他们争强好胜的心理调动了起来。

我给了学生 5～10 分钟的时间，让他们充分地自由读，批注，然后交流。第一个学生站起来说：“孙老师，我加的词语是‘谦虚’，谦虚的林冲。”“请讲讲，你从哪里看出林冲是谦虚的呢?”他说：“到柴进庄上，柴进请林冲吃饭，让林冲坐在上首。”在座的老师都知道，中国唐代之后以左为上，我们读春联时一定是从左往右念，左为上，右为下，所以中国人吃饭，主人左手边的是第一尊贵的客人，右手边的是第二尊贵的客人。学生接着说：“文章中写洪教头进来了，洪教头歪戴着头巾，挺着胸脯走进来了，林冲连忙站起来。柴进给二人互相介绍，这是八十万禁军教头林冲，这是洪教头，是他的师父。林冲起身让座，洪教头也不相让，马上就在上首坐下了。一个细节就看出林冲是谦虚的，林冲是八十万禁军教头，是那个年代的武林第一高手，洪教头只是柴进庄上的教头，怎么能跟林冲相比呢?”

第二个学生站起来说：“当柴进让林冲跟洪教头比武的时候，洪教头连说‘来！来’，气焰嚣张，林冲说‘不敢，不敢’，反复推辞，可以看出林冲是多么谦虚。”

第三个学生说：“我还发现一个细节，当他们打了四五个回合的时候，林冲纵身跳出圈外说，‘我输了’。柴进说还没看两人较量怎么就输了呢。从这里也能看出林冲谦虚。其实，林冲说自己输了，是以退为进，为什么这么说呢？因为他还多了个木枷呢。木枷还没有卸掉就跟洪教头打，怎么能胜呢？柴进一看，赶紧让两个差人把木枷打开了。然后柴进又拿出一锭二十五两重的银子丢在地上，说这是比武的彩头，他们两个谁赢了，这个钱谁就拿去。林冲和洪教头这才真的较量起来。其实，林冲的做法是高明的、正确的、审时度势的。因为他当时是个犯人，犯人初来乍到，怎么能喧宾夺主呢？所以，林冲是处处忍让、处处退让的。”

接下来的学生说：“孙校长，我写的是‘武功高强’。”我说：“你从哪里看出林冲武功高强的？”他说：“林冲跟洪教头比试，是三个回合，第一个回合，洪教头使出‘把火烧天’，林冲把棒一横，还了个‘拨草寻蛇’的招式；第二个回合，洪教头举起棒劈头打来，林冲往后一退，洪教头一棒落空；第三个回合，林冲往洪教头的小腿骨上一扫，把洪教头打翻在地。其实林冲真正使出的招数就是‘扫’，一扫就把洪教头撂翻在地。洪教头气势汹汹，林冲只用了一招胜出，这就叫高手。”

第五位学生说：“我写的词是‘武德高尚’。”我说：“你为什么说林冲武德高尚？”他说：“你看洪教头的招式是‘把火烧天’，‘把火烧天’应该是致命的一招。”我说：“哪个同学上来演示？”第一个学生上来表演，他用一只手举起棒，我说：“一只手用棒，绝对不是洪教头。”第二位学生上来，双手把棍高高地举起，仿佛举着火把，很像“把火烧天”。那么林冲使出的“拨草寻蛇”呢？一个学生上来表演，把我们大家都逗乐了——他撅着屁股做拔草状，坚持认为这叫“拨草寻蛇”，我说这样就叫“拨草寻蛇”那中国的武功就完蛋了。什么叫“拨草寻蛇”？我给学生出示了一张图片，并告诉学生中国武术的一招一式，不仅实用，而且有美学的意义和价值。这时，认为林冲武德高尚的那位学生说：“洪教头的招式，招招致林冲于死地，‘把火烧天’一招下来，要是棒子打在头上，就把林冲打死了。林冲打的却是洪教头的小腿骨，那是无关紧要的地方，这叫点到为止，所以我认为他武德高尚。”

一堂课下来，黑板上写了“谦虚”“武功高强”“武德高尚”“忍让”“谦让”“真人不露相”……大概有十几个词语。现在再来看林冲，就是一个立体的、丰满的林冲，一个具体化的、形象化的林冲。

第二堂课，我板书“洪教头”，让学生们在洪教头前面加词语，学生们加上“自以为是”“目中无人”“不知天高地厚”“心狠手辣”“致人死命”等十几个词语，“一千个读者眼中有一千个哈姆雷特”，这就叫多元解读。这堂课上完之后，当时分管教学的蔡副校长走上来对我说：“孙校长，我们以前经常讲多元解读，但是什么叫多元解读，我们一直没弄清楚，听了您这堂课才真正知道什么是多元解读。”

我到南京市北京东路小学上的第三堂课是这样的。教育局的刘局长打电话给我说：“小孙，你来南京已经半个学期了，你给我们全区的校长、书记上一堂课吧。”我问要上什么课，他说：“上一堂新课，上完课之后全区的校长、书记们将跟你对话。”我说：“我就上五年级课本上的《只拣儿童多处行》吧。”他说：“好。”

那天我上完课之后，高局长说：“孙校长，我们听人家上课，一般是就一篇课文讲一篇课文，但是你今天上冰心的《只拣儿童多处行》，不仅讲了冰心的这篇文章，还带领学生读了冰心的其他好多作品。尤其是你让学生读冰心的《纸船》这首诗，特别让我们感动。”

我到南京市北京东路小学不久，上了这三堂课，我想一个校长，如果自己能上课，对你管理学校会产生无形的非权力影响，或者说是学术的影响，或者说是人格魅力的影响。当然，上课是我的专长，我是从课堂中走出来的，有的校长不一定是从课堂中走出来的，大家各有长处。

2. 情智管理：让老师的生日过出情趣

我到学校后，做的第一件事是把总务主任请来，说：“主任，我请你做一件事，你把全校教师的生日排出来，1 月份有哪些人，2 月份有哪些人，然后3月份、4月份、5月份的……这样依次排下来。”我们的主任很能干，一个小时不到，就把全校教师的生日表排出来了。我一看，9月8日有教师过生日。

这一天，我们买了一束花、一张贺卡，我在贺卡上工工整整地为这位教师写上了一段生日祝福语。下课了，我打电话到这位教师的办公室，告诉她，我跟书记来看她。于是，书记捧着花，我拿着贺卡，到教师办公室。走在走廊上，同学们都诧异地看着我们，一路跟着我们。到了教师办公室，敲开门，所有教师都在办公室休息。我们走到这位教师面前说：“郭老师，今天是你的生日，我跟书记祝贺你生日快乐！”我把贺卡打开，当着全办公室老师的面，把我写给她的美好祝福语大声地念出来，书记把花献上，我把贺卡送上。郭老师兴奋得满脸通红，激动地说：“校长，我工作二十多年了，校长给我过生日还是第一次！”从此以后，每到教师的生日，我必写一张贺卡，并送上鲜花。这一年，校园里经常看到我跟书记捧着鲜花、拿着贺卡给老师送祝福。

第一年过去了，有教师就开始问了：“孙校长，明年您怎么给我们过生日啊？”我说：“再献花行不行？”他们说：“我们要实惠的。”我说：“什么是实惠的呢？”“蛋糕、长寿面。”我说：“好，明年过生日送蛋糕，送长寿面。”第二年，每位教师生日那天，我们就送他一个大蛋糕，还让食堂里准备一碗长寿面、一个荷包蛋，送到教师办公室。

第二年过去了，有教师又问：“孙校长，您明年怎么给我们过生日啊？”我就把工会主席找来，对他说：“你去问问大家，希望怎么过生日。”工会主席问了一圈，告诉我：“孙校长，老师们要求挺高的，他们要求以家庭为单位过生日，要搞生日 Party。”我说：“哎哟，这个要求有点高了吧。”我就把几个校长和总务主任请过来商量，并让柯主任到南京市的市中心找一找，看看哪个酒店能办生日晚宴。柯主任跑了半天回来告诉我：“孙校长，我们找了个地方。”第三年，每位教师过生日，都是带着一家人去。

到了第四年，教师们又问我：“孙校长，您明年怎么给我们过生日啊?”我说:“征求大家的意见吧。”他们说要过集体生日。我说:“好，凡是1月份生日的老师，在1月中旬集中起来一起过，2月份的集中一起过，就这样每个月过一次集体生日。”这一年，他们过了12次集体生日。教师们说:“孙校长，虽然给我们过生日这件事不是很大，但很暖心，形成了我们北京东路小学的生日文化，说明校长把我们老师装在心中了。”

第四个关键词：机遇

我认为，名师的成长离不开机遇。机遇是从身边疾驰过去的骏马，你怎么才能抓住它呢?一定要有准备，有准备还不够，还要有实力，要在马飞驰过身边的那一刹那抓住它，并跃上马背。你还要能驾驭这匹马。所以，要有准备、有实力，还要能驾驭机遇这匹“骏马”，你才能真正抓住机遇。

第五个关键词：思考

我思故我在。我常跟教师们说，为什么不说“我忙故我在”，为什么不说“我吃故我在”，为什么不说“我上课故我在”，而说“我思故我在”?因为思考是人类区别于其他生物最本质的特征。思考着的人是最美的人，所以，我也想把这句话与我们所有的教育工作者共勉。“我思故我在”，让我们做一个真正的思想者。

报告回响

立己达人　情智共生

钟惠河

第一次读孙双金老师的文章是在1991年，那时读了孙双金老师的文章《谈教学空白的艺术》和《我的战友邱少云》教学实录，才知道原来语文还可以这么教。第一次听孙双金老师上课是在1999年，在福建教育杂志社举办的名师课堂教学艺术展示大会上，孙老师执教的《泊船瓜洲》给我们留下了深刻的印象。十几年过去了，当时课堂上的热烈场面至今仍然历历在目：语调抑扬顿挫，朗诵字正腔圆，寥寥数笔就勾画出耐人寻味的诗歌意境……正如当年《江苏教育》所评价的那样："孙双金老师在讲台前，风度翩翩，光彩照人，他出众的才技和缜密的思维，把学生带入了艺术的殿堂，听他的课是一种艺术的享受。"时至今日，孙双金老师的风采依然不减当年，可谓是小学语文教坛上的"常青树"。

今年夏天，我们有幸邀请孙双金老师来泉港讲学，聆听了他"名师成长的密码"的演讲，心情特别激动。

一、追逐梦想：名师成长的内在动因

1981年，18岁的孙双金老师怀着无限憧憬，踏上小学教师工作岗位。当看到同事——一位白发苍苍的老教师每天上班的第一件事就是吃药时，他不禁陷入沉思：难道我的明天也是这个样子吗？答案显然是否定的。他想通过考大学来改变现状的愿望受阻后，暗暗立下志愿：要么不做小学教师，要做就做优秀的小学老师，做最好的自己。正因为有这样的志愿，才有了接下来的在中青年教师阅读教学大赛中的一路披荆斩棘，最终脱颖而出，获得全国大赛一等奖的优异表现，从一个县城小学教师走向全国小学语文教学的大舞台，成为全国瞩目的教学明星。获得如此的荣誉后，他并没有止步，而是脚踏实地、坚持不懈地构筑他的梦想。在刚评上特级教师的时候，他就告诫自己，绝不当一般的特级教师，而要当著名的特级教师。如今，“情智语文”已经成为小学语文教学的重要流派，孙双金老师的教学水平也成为语文教学的一座高峰了。

在谈到梦想的时候，孙双金老师深情地说：“是梦想牵引着我的人生。”

同时，他还通过对《丑小鸭》的独特解读来勉励青年教师：“只要你的内心有一个长成‘白天鹅’的‘蛋’，只要你的内心有要长成‘白天鹅’的梦想和种子，你就能成为‘白天鹅’。”

二、文化浸润：名师成长的不竭源泉

读书，让孙双金老师不断前行、不断提升、不断充实自己，完成一次又一次的华丽转身，成为当代小学语文教坛的重要代表人物和享誉全国的知名校长。

读书，让孙双金老师成就了他的梦想。

在丹阳师范学校学习期间，他的节假日几乎都是在图书馆度过的，一张张借阅卡上都留下了他的名字。工作以后，他的假期也都是与书为伴的。徜徉书海，享受心灵之旅。读书已经成了他的习惯，成了他生活的重要组成部分。他读名人传记，了解名人成功的艰难历程；读艺术类的书，追寻教学中的审美艺术；读心理学方面的书，在教育中进一步读懂儿童；读哲学类的书，获得生命感悟……初涉教坛的他也经历了短暂的彷徨和困惑，便以“何以解忧，唯有读书”来排解世事的纷扰和心中的苦闷，正因为有了这段时间的心无旁骛、沉潜书海，才有了日后的厚积薄发、一鸣惊人。

近年来，孙双金老师又追本溯源，沉浸于国学知识的学习中，沐浴在两千多年前先哲们的思想光辉里，汲取贤者的智慧。正是大量的阅读开阔了他的视野，使他的生命与智慧有了质的飞跃。也正因为这样的文化浸润，才让他对语文、对教育的理解变得越来越深邃：从“情智语文”到“12 岁以前的语文”，以更独特的视角、更宏阔的视野来建构他的语文世界。其关注的专业范围从语文课堂到语文课程，从“情智语文”到融情智课堂、情智校园、情智管理和培养情智教师、情智学生为一体的“情智教育”，让他从名师走向教育家型校长，踏上了做人民教育家的征程。

孙双金老师说：成功，就是多读一本书！

三、坚守课堂：行走不息的亮丽风景

伟大的教育家都是教育的实践者，从孔子到陶行知，从苏格拉底到苏霍姆林斯基，古今中外，莫不如是。

著名特级教师于永正说：“孙双金的可贵之处，就在于他始终没有离开过教学第一线。”

孙双金老师说：“不重复过去，挑战自我，超越自身，这才是我的性格！”

从 1989 年到现在，在历届全国中青年教师阅读教学大赛中获得一等奖的，可能不下 100 人吧？可是，现在仍然活跃在语文教学课堂上的却寥寥无几，获得一等奖的孙双金老师还坚守在小学语文教坛上，而且行走得越来越精彩！我们不得不叹服他的执着与坚持。

毋庸赘述，从前面孙双金老师关于“上课”的演讲报告中，其教学艺术与教育情怀已见一斑了。随着他文化品位的提升，他的语文课堂也不断地走向更高的境界，给我们展现了一道又一道亮丽的风景。

四、情智管理：和谐共生的人文关怀

特级教师当校长并不算多奇怪的事，但像孙双金任校长的南京市北京东路小学在 14 年里培养了 7 位特级教师的这种盛况，却是少之又少、非常难得的。

孙双金校长说：“‘己欲立而立人，己欲达而达人。’我作为校长是特级教师，我也要让副校长、骨干教师成为特级教师；我作为校长取得了一些成功，我也要让我身边的人通过努力，都取得成功……你让你周围的人都取得成功了，这是大家集体的成功，这是大家共同的成功，我认为这也是校长最大的成功。”他不但这样说，也这样做了，并且收获了累累硕果。《人民教育》2016 年第 13 期为南京市北京东路小学出了专刊，主题就是“发现教师”，用了 60 个页码、近 9 万字专门介绍南京市北京东路小学是怎么信任教师、解放教师、引领教师、成就教师的。

“己欲立而立人，己欲达而达人。”我想，这就是“情智管理”的精髓。

在南京市北京东路小学，校长、书记会在教师生日时送贺卡、送鲜花，并当面朗诵生日祝福语，这样的事让人听着都感动，何况亲历这突如其来的惊喜的教师呢！

有“情”，有“智”，“情”“智”交融，我们可以想象南京市北京东路小学那一番和谐共生、其乐融融、欣欣向荣的校园景象了。

这种达到“游于艺”的上乘境界的情智管理，更彰显了孙双金校长的领导艺术和人格魅力。

报告回响

老师是可以活得诗意而神圣的

肖腾伟

梭罗说过，人类无疑是有力量来有意识地提高自己的生命质量的，人是可以使自己生活得诗意而又神圣的。

近日，听了孙双金老师的“名师成长的密码”报告，我的“老师是可以活得诗意而神圣的”想法倍加强烈。孙双金老师把他的教育生涯演绎得十分精彩，并把自己的成长历程和大家分享，以此激励更多的人成为名师，让更多的人一起来成就中国的教育梦。

说起名师成长的“密码”，孙双金老师提出了五个关键词：梦想、读书、上课、机遇、思考。这五个词朴实无华，却熠熠生辉。我们践行这五个词，虽然不一定就能成长为像孙双金老师那样的名师——因为并不是每一个人都具备孙双金老师那样优秀的潜质，但一定能成为一名才华横溢、做事精益求精的老师，成为一个浑身上下充满人格魅力的老师，成为一个幸福的老师。

一、路漫漫而上下求索

问苍茫大地，谁主沉浮？当然是那些为了实现梦想而不断追求的人，是那些让梦想变成理想的人，他们才能成为人生的主宰者。陶行知“做第一流的教育家”、苏霍姆林斯基“个性全面和谐发展”、孙双金“情智教育”、李吉林“情境教育”……诸多教育家正是靠着百折不挠、勇往直前的精神，在实现梦想的道路上不断地求索、奋斗，一步一个脚印，才走出一条康庄大道。

孙双金老师的成长之路就很好地诠释了这一点。在孙双金老师早期的目标追寻中，榜样人物的影响是不可忽视的：陶行知、叶圣陶、斯霞、李吉林等。因此，毕业之初，他就在心灵深处烙下了不能像普通老师那样渐渐老去的印记。人都是会老去的，但是岁月给了有追求的生命以厚重的积淀，让他成为同行中的翘楚。在工作了一段时间之后，孙双金老师追求的目标进一步明确：做特级教师，做一名著名的特级教师。同样参加全国赛课获得大奖的人，而今还有几人活跃在中国的教坛上呢？中国的特级教师成千上万，但是有几个人能真正影响中国的教育呢？他认为，一个人只有在追求、奋斗的过程中，才能体味到人生的幸福与快乐。

二、让阅读照亮人生

孙双金老师说：“一个人如果不是真正的读书人，就无法成为真正的教书人。”而当下很多教师一生只读三本书：教科书、教学参考书、练习册。文化的缺失、知识的缺失，已经严重地阻碍了教师的成长。不少学校习惯于让一些教师总是教低年级，如果这些教师又不阅读的话，不用几年，他们的视野就会有很大的局限性。试问，作为一名教师，又有几个人能熟读《论语》《道德经》？作为一名教师，你是否会经常问自己：今天，我阅读了吗？仅阅读而言，一个人读什么，直接关系到他人生的境界和层次。读名人、伟人传记，可以体会每个成功者背后的艰辛与汗水；读艺术类的书，可以陶冶艺术的真、善、美；读心理学的书，可以了解儿童的心理特征，因材施教；读哲学类的书，可以学会从人生、哲学、世界的高度来审视教育。

“成功，就是比别人多读一本书。”一个坚持阅读的教师，才能在成长的道路上走得更远些；一个坚持阅读的教师，才能带领孩子们走进阅读的天堂。博尔赫斯说：“天堂是一座图书馆的样子。”阅读，不仅是对孩子们进行语文素养方面的熏陶，让孩子们直接体味母语的美和力量，更是对孩子们精神的提升。苏联著名教育家苏霍姆林斯基说：“一个不阅读的孩子就是学习上的潜在差生。”如今，阅读的重要性已经引起教育界同人的广泛重视，尤其是经典名著，已经大量走进校园。由此，我们不妨问一问：语文究竟有多美？一句话，琅琅书声，就是孩子们的朗朗乾坤。

三、课堂彰显教育品质

“三尺讲台育桃李，一支粉笔写春秋。”孙双金老师说：“从课堂中走出的名师才是真正的名师。”被称为教育界“四大金刚”的于永正、贾志敏、支玉恒、靳家彦，哪个不是从课堂里走出来的？孙双金老师从县城普通小学到省城的名校当校长，新官上任的“三把火”，就是他任新校长后上的三堂课。于此，我忆起一个小插曲。有一次公开课后，很多年轻老师围着著名特级教师于漪问：“您的课太精彩了，您花了多长时间来备这节课？”于老师回答说：“我用一生来备课。”是的，一个教师上一节好课也许算不了什么，但如果能一生都努力给孩子们上好课，便是孩子们成长历程中的贵人。

英国《经济学人》杂志有一篇封面文章，题目是《怎样培养伟大的教师》。文章中提到，教师在教育过程中起着非常重要的作用，并介绍了美国的一项研究：一年内排名前10的精英教师教给学生的知识是排名后10的那些教师的3倍。在同一个单位时间里，一个好教师与一个平庸的教师能够带给学生的变化差异是非常大的。学校发展也好，课程改革也罢，这些事情的背后都是教师在起作用。我觉得教师是教育中最关键的因素，谁站在讲台前，谁就决定了教育的品质。

作为教师，最重要的是上好课，扎扎实实地上好每一节家常课，抓好备课环节，认真研读教材、研读学生、研读自我。同时，教师要像对待公开课一样对待每一节家常课，只有这样，才能让课堂焕发出生命活力，让课堂生发学生的新思维，让课堂展示教师的教学个性，让教师的教学渗透于学生的血脉之中。

钟启泉先生说：课堂不变，教师不会变；教师不变，学校不会变。换言之，课堂变了，教师才会变；教师变了，学校才会变。所以，如果我们都能像孙双金老师那样去重视课堂、研究课堂，不断在课堂上给学生们呈现知识的盛宴，那我们在养成教师核心素养的路上就会走得更加稳健。

四、主动抓住机遇

钱理群教授说："一个人的生命、生活必须有目标感。只有大目标、大理想是不行的，要善于把自己的大理想、大目标、大抱负转化为具体的、小的、可以操作的、可以实现的目标。"人是可以掌握自己的命运的，至少可以在一定程度上，在小环境里，掌握自己的命运。人可以使自己在任何条件下都生活得诗意而神圣。

很多人都会为自己的人生规划目标，但一生中能实现目标的机遇也就那么几次，因为人生更多的是为实现目标而储备能量的过程。机遇是一匹从身边疾驰而过的骏马，垂青于有准备的头脑。从校内公开课表现突出到参加市、省、全国大赛并获奖，从县城走向省城，孙双金老师总是牢牢抓住每一次机遇，并勇敢迎接挑战。一个明智的人总是能抓住机遇，创造美好的未来；一个聪明的人所创造的机会比他所发现的机会更多；一个成功的人总是能在机会来临时，立刻抓住它。名师的成长离不开机遇和挑战，只有抓住每一个擦肩而过的机遇，才能体会到“踏破铁鞋无觅处，得来全不费工夫”的喜悦。

每个教师都要珍惜学校和教育主管部门为自己创设的促进自身专业成长的环境和机遇，借助激励机制，参与竞争，成就自己。

五、学而不思则罔

美国著名心理学家波斯纳曾经提出了一个著名的公式：教师成长＝经验＋反思。不会思考的教师不是一个优秀的教师。那些整天庸庸碌碌、无知无觉的教师，会逐步退化成没有灵魂的教书机器；那些在教育实践中不断思考、总结、提高的教师，才真正称得上人类灵魂的工程师。

曾子曰：“吾日三省吾身。”为师者也应该一日三省：我今天的课上得好吗？学生学得快乐吗？有需要改进的地方吗？“我思故我在。”我们期待着每位教师都能成为学习型、反思型、经验型的名师。

孙双金老师是教而优则“仕”的典型代表，他在教育教学中取得的成就令我们望尘莫及。名师不一定都能成为名校长，但是，校长若从名师中诞生，那么，他比谁都能更深刻地认识到建设优质课堂的重要性。围绕各学科课堂开展教科研就能成为他的治校自觉，把学校办成名校就会成为他的奋斗目标。所以，从一定意义上讲，名师的水平就是学校的教学水平，校长的高度就是学校的高度。

“未来不是我们要去的地方，而是我们正在创造的地方。”认识到这一点，我们就会努力培养有教育情怀的种子教师，我们就能更有诗意地耕耘在教育这片热土上。

谈游走于儒道佛之间的人生

名师简介

兰祖军，北京市特级教师，中学高级教师，现任广东省珠海市容闳学校容闳小学校长。曾获全国学校文化建设示范校长、全国百位德育科研专家、全国优秀小学校长、全国十佳小学校长等多项荣誉称号。兼任中国教育学会小学教育专业委员会常务理事、学术委员，中国人生科学学会中小学教育专业委员会副会长，中国人生科学学会区县教育专业委员会常务副会长，北京市教育学会小学教育研究会常务理事，国家教育部小学校长培训中心、北京师范大学校长培训学院兼职教授。在全国各地针对校长、教师举办过300多场培训，深受欢迎。

我那天到泉港，吃完中午饭之后，和另外几个人去了泉州市区，到了三个地方：李贽故居、开元寺和清源山。其实这三个地方所代表的文化和我今天跟大家交流的主题有着意想不到的巧合，我的报告题目是“谈游走于儒道佛之间的人生”。

李贽故居可以算得上是代表儒家文化的一个景点。李贽是明朝中后期独具个性的思想家，反对以孔孟学说作为权威文化的根本和教条范本，在文学方面提出了“绝假还真”的“童心说”，主张“真心”，但是他的思想归根结底还是儒家的思想。他是王阳明的弟子王艮的学生，是王艮所创立的“泰州学派”后期的一个重要代表人物，所以李贽可以算得上是儒家的代表。

开元寺是佛教圣地，开元寺的山门与天王殿合二为一，殿内石柱为梭柱，石柱上有副对联“此地古称佛国，满街都是圣人”，是朱熹所撰，由弘一法师手书。王阳明的弟子王艮也说过“满街都是圣人”。据说有一天王艮到老师王阳明家，王阳明问王艮：“你今天在大街上看到了什么?”王艮就说：“我看到满大街都是圣人。”王阳明接着又说：“其实满大街的人，看你也是一个圣人。”在开元寺里面，还有一个具有代表性的景观，就是李叔同的塑像。李叔同，号弘一法师，是民国时期以“二十文章惊海内”的大师，集诗、词、书画、篆刻、音乐、戏剧诸艺于一身。他临终前概括自己的一生：绚烂之极，复归于平淡。从喧嚣归于平静，他最后圆寂在泉州，临终前写下了他人生的绝笔：悲欣交集。

我们到的第三个地方是清源山。清源山的山门上镌刻着四个字：众妙之门。老子的《道德经》第一章最后一句话就是“玄之又玄，众妙之门”。当我们进入清源山，就可以看到宏伟壮观的老子雕像，这座雕像是中国现存最大的老子雕像。所以我觉得很奇妙，我们无意中到了这三个分别有着儒家、道家、佛家文化印记的地方。

我们学校一直提倡开展游学活动，而且我们设计的游学活动重在学。游学方案，不是教师设计的，而是学生自己设计的，年级间进行 PK，最后选一个最好的方案，再与旅行社沟通，使游学方案得以实行。教育应该更多地走向社会，了解社会现实。

我的报告标题是“谈游走于儒道佛之间的人生”，“儒”是人的骨骼，“道”是人外在的风范，“佛”是人慈悲的内心。

我的老家是江西省上饶县，离福建很近。1988 年，我中师毕业，被分配到老家一个偏远的农村小学教书。那里离县城有 60 千米，每天只有一趟班车。我刚到这所农村小学，就开始当班主任了，第一次参加乡里的优质课比赛就获得了第一名；之后参加县里的比赛，获得了一等奖，当时上课上得还不错。

1991 年，我成为一所只有 10 位老师、200 名学生的农村小学的校长。冬天，路上没什么人，我就跟学生一起跑步。元旦时，我们排练了很多文艺节目参加演出，在乡里获得了第一名。春节期间，我和学生把这些节目带到各个村庄。今天回过头来看，这不就是学生的综合实践活动课程吗?

1992 年，我被调到乡中心小学任副校长。在我担任副校长的三年里，这所中心小学发生了比较大的变化。当时我用了几招：第一，制订制度，奖勤罚懒；第二，帮助民办教师提高文化水平和专业水平，辅导他们参加转正考试，激发他们工作的积极性；第三，带着教师外出学习，去杭州、上海等地听课、学习；第四，把全乡优秀的学生集中到中心小学统一辅导，参加各类竞赛。很快，学校的成绩在全县 30 多个乡镇里从倒数跃居到第 8 名。

1997 年，我被县里评为“杰出青年”。1997 年，我县第一小学的校长退休，很多人竞争这个职位，教育局把我调到这所学校当校长。当时这所学校有 2000 多名学生、130 多位在职教师，还有 70 多位退休教师。

当时，我还不满 28 岁，很多人看我这么年轻，又是从农村学校调到县城最好的小学，就给我下定论：三个月内必定要下台。我是一个从农村出来的年轻人，没有什么家庭背景，在这种情况下，我要应对的挑战是比较大的。

事实比想象的更残酷。1997 年 11 月，我的孩子出生了，妻子坐月子期间，我们夫妻俩因为生活的艰难曾抱头痛哭多次。很多次，我一直坐到天亮。我记得有一次，几位退休教师受人煽动，一起指责我，我回到家里都快崩溃了，想回农村去。但人生没有回头路可以走，只能咬着牙继续往前。那是我人生最黑暗的时期。

我现在特别庆幸，在我20多岁的时候有这样一些经历，而且我挺过来了，并能继续往前走。这些经历对我以后的学校管理有很大的帮助。

后来，几位副校长都认可了我。1998年，学校稳定下来，走上了快速发展的轨道，建了几间多媒体教室，办了校园电视台，每个星期做一期节目。县里开“两会”，我们学校的小记者就扛着摄像机，佩戴着“记者证”，穿着校服，去采访县委书记，采访人大代表，这种行为在当时算是非常超前的。当时，我们学校在现代教育技术方面，在江西省都可以算是一流的。后来这所学校也发展得比较好。

2003年，我到北京师范大学参加校长培训，回到上饶后，我觉得自己的工作进入了高原期，需要寻找“第二曲线”。2003年的暑假，我做出一个决定：辞职！辞掉公职以后，我去了深圳，在深圳只待了很短的时间。后来，看到海口市政府面向全国招聘校长。海南是个好地方，我一直没有去过，于是，我就报名参加竞聘了。我当时想如果没竞聘上就当作去旅游好了。结果，没过多久，我就接到参加考试的通知，经过笔试、面试、答辩三轮考试，我获得总分第一名的成绩。就这样，我到了海口英才学校。我认为我管理得最好的学校，应该就是海口英才学校。我在海口英才学校组建了一个民乐团，这个乐团可能是全国最大的学校民乐团，现在有600多名学生成员。2008年除夕，我们的民乐团在奥地利维也纳金色大厅做了专场音乐晚会。

我在海口英才学校工作了7年，这7年我是很用心、用情地去办学的，跟教师们的情感也非常深厚。2011年1月21日下午，我向学校老师们作了告别。我当时从我在英才学校工作7年的照片中选了100多张，做成一个视频，并配上四首歌：第一首歌是《感恩的心》，我很感恩在英才学校的岁月；第二首歌是《相逢是首歌》，“百年修得同船渡”，相识就是缘分；第三首歌是《相亲相爱的一家人》，因为这7年我没有跟任何老师发生过正面的、激烈的冲突，有问题都是心平气和地在萌芽阶段就解决了；第四首歌是《从头再来》，因为我觉得当时自己离开上饶去海南，是一个人，可要离开的时候，手机里存了300多个海南人的电话，我结识了很多朋友。我相信到北京我依然能够这样，“从头再来”。当我把这四首歌和视频放完的时候，所有的老师都流泪了。

2011年2月，我到了北京，到大兴区第二小学任职。这是一所老校，两个校区，规模很大。领导这样一所学校，我采用了“嫁接”的办法，在保持学校办学传统的基础上，把我的理念、思想慢慢地渗透到这所学校。我在这所学校工作了4年多，主要推行语文教学的改革，从识字、阅读、作文三大板块整体推进。这几年的成果还是不错的。

我觉得人生就是一种体验，我们可以在人生的各个阶段去经历种种过程、去体验种种情感、去增长自己的智慧。人生就像黄河，开始是涓涓的细流，后来不断地有支流汇聚进来，经过很多地方，一路下来，形成了黄河的九曲十八弯和壮丽的壶口瀑布，再经过河南、山东，最后平静地回归了大海。就像李叔同说的“绚烂之极，复归于平淡”，正是这九曲十八弯、跌宕起伏才成就了黄河的壮丽和波澜壮阔，我想人的一生也应该是这样的。

下面，我想从儒、道、佛这三个角度来谈一谈教育。现在，全国的中小学校长都比较重视学校的传统文化教育。中华民族的一些优秀的传统文化，其实就是我们的基因，渗透在我们的血脉里，每一个中国人身上都有。学校要重视传统文化的推行、国学经典的诵读，这些对学生一生的影响会很大。

我的报告要从儒、道、佛及三家思想结合四个方面来谈它们对教育的影响。

一、儒：内圣外王、修齐治平

儒家把每个人都看作关系网络的中心点。西周的时候儒就是儒士，儒士也就是教师，在王室里面从事教育、传授知识的人，就是儒士。

孔子是儒家的代表，他是一个伟大的教育家，他门下有三千弟子，七十二位成就突出，这些弟子后来不断地弘扬他的思想。

孔子的很多学说都是为人处世的黄金法则，他的教育思想之丰富、高明也是世界公认的。

（一）孔子“内圣外王”

1. 修身养性

儒家推行伦常教育，以“五伦”为基础。《论语》里面没有长篇幅的文字，就是语录体，讲的是对人和人之间关系的处理，即伦理道德。

做事先做人，做人是“内圣”，是内在自我道德修养的一种提升，就是“格物、致知、诚意、正心、修身”。做事是“外王”，只有把自己的内在修养、人格提升了，你才能够对外去追求事业成功，才能改造世界，使世界更美好，即齐家、治国、平天下。《易经》里面有两句话：“天行健，君子以自强不息；地势坤，君子以厚德载物”。其实说的就是“内圣”和“外王”。

孔子曾提出“修己以敬”“修己以安人”“修己以安百姓”等观点，“修己以敬”，就是你自己要修养德行，保持一种谦恭、敬仰之心；“修己以安人”，意思是说把自己的德行修养好了，才能够更好地去对待别人；“修己以安百姓”，是指把自己内在的德行修养好了，才能够去安抚天下的百姓。“修己”就是修养自己的心性，指君子的内在修养，是人格的自我完善，是安身立命的根本。真正的君子都应该完善自身的素质，培养自己的仁爱之心，从而使自己在任何环境中都能保持精神的充盈、饱满，这就是修己。“安人”就是注意自己的行为表现对他人的影响，将“修己”培养出来的“仁”和“义”

的精神用于经世致用的实际行动上。

“自天子以至于庶人，一是皆以修身为本。”修身是根本，古人认为不管你是天子，还是普通人，都要修身，修好自己的德行，安身立命。儒家的“内圣”就是孝、仁、义、礼、智、信、恕、和、正、学、友、克己、中庸、隐，等等，这些都是修身的关键因素。作为教育者，有着榜样的作用，不仅需要协调个人发展和专业发展的关系，更应懂得儒家的这些理论，以提高个人修养，提高自身的专业发展水平。

孝

百善孝为先。“孝”是一切道德的根本，是所有教化的出发点。如果一个人不能够孝顺自己的父母，你还指望他能对朋友、对他人有爱心吗?《论语》有“其为人也孝悌，而好犯上者，鲜矣；不好犯上，而好作乱者，未之有也。君子务本，本立而道生。孝悌也者，其为仁之本与”的论断，就是说一个很孝顺父母及其他长辈的人不会去犯上作乱。对自己的父母孝顺、对兄长敬重，很讲孝道的人，对上级也会很尊敬，对上级很尊敬的人是不会去作乱的。

孝乃处理人际关系的元规则，体现与渗透到家庭、组织与社会各个方面，则是教育与管理的核心与基础。孝悌也是文化教育的核心内容。

孝的实质在于顺和爱，儒家认为对父母孝顺不是给父母吃饱穿暖了就可以，还不能给父母不好的脸色，对父母要恭恭敬敬。现在，有的人很少去看父母，也很少给父母打电话，但是自己家里的一条宠物狗生个病，会花几百元去治病，有时间去养宠物，却没时间去看一下自己的父母，这种人是没有德行之人。羊羔跪乳、乌鸦反哺，动物尚且如此，何况人类?父母还健在的时候，要多给他们一些关怀、温暖。

“子欲养而亲不待，树欲静而风不止”。孔子的弟子子路年轻的时候，家里很穷，母亲吃不上饭，他后来发达了，能很好供养母亲时，母亲已经不在了。从传统文化中汲取力量的意识，在今天的教育者头脑里，一定要形成。

仁

孔子讲仁者爱人，在人和人相处中，他提出“反求诸己”和“能近取譬”的思想。人与人之间，要讲伦理道德，要讲仁爱，要能够善待他人。有益他人与社会的人就是仁人。仁应该成为现代教育者所追求的一种内在的道德修养，现代教育者要明白仁和义、礼、智、信是相互配合的。如果“义”没有“仁”的这种内在修养，就可能变得尖刻；如果“礼”没有“仁”的配合，就可能变成一种形式主义；如果“智”没有“仁”的配合，就可能变成小聪明；如果“信”没有“仁”的配合，就是小信小义。

仁为礼之本。子曰：“人而不仁，如礼何？人而不仁，如乐何？”人的生存、发展的本源与核心就是仁，仁人就是肯替别人想，肯去换位思考的人，“仁”是做人的第一等学问。所有的人每天都在变换着不同的角色，都在跟不同的人打交道，需要处理不同的关系。随着角色与职位的不同、身份的不同，仁心可以化为对长辈的敬心、对工作的尽心、对事业的忠心、对父母的孝心、对晚辈的慈心，还可以化为诚心、恭敬心、谦卑心。这对于一个教育者完善自我、提升自我来说，是极为重要的。

义

“义”，指道义，是调节人与人、私利与公利关系的原则。孔子以“义”作为评判人们的思想、行为的道德准则。人离不开功利之心，但人不可不讲道义，如何处理义与利的关系是每个人必须面对的现实问题，更是我们被称为“清贫贵族”的教育工作者要面对的现实问题。

孔子评价他的弟子颜回：“一箪食，一瓢饮，在陋巷，人不堪其忧，回也不改其乐。贤哉回也，贤哉回也！”他还说：“饭疏食饮水，曲肱而枕之，乐亦在其中矣。不义而富且贵，于我如浮云。”——吃粗菜淡饭饮冷水，弯起手臂当枕头，也非常快乐。靠不道义、不仁义获得的荣华富贵，对我来说如同浮云一般。

这种内心充足，而不困于外物的洒脱，让人叹服。但孔子不否定人的求利欲望和求利行为，认为对于个人应当得到的合理、正当利益，要尽可能满足。这也正给我们处在领导层的教育者一种警示：教师也不是不食人间烟火的神仙，该奖励时一定要奖励。

同时，孔子重视公利，反对以侵害他人和整体利益为代价满足个人私利；看到利益时，不是肆意掠夺，而应多考虑自己是否应该追求和获取。在处理精神生活和物质生活的关系时，要把精神生活放在第一位，物质生活的追求要服从于精神生活，以道义制约对利益的追求。这些都给我们不少有益的帮助。

礼

周公制礼。周公定下了礼，礼就是规矩，不要犯上，不要作乱。礼和理相通，礼节就是要讲道理，就是要有理。礼是内在的一种恭敬，是内在的一种需求，见到师长要恭敬，这是发自内心的。同时，礼也是对人的节制，是约束人的。

孔子的“礼”，既指“周礼”，礼节、仪式，也指人们的道德规范。孔子所宣扬的，主要是西周以来君主等级制社会的基本原则和体制。西周以来传统的君主等级制社会的规范准则，从国家大事、社会活动以至个人日常生活，无不包括在内。因而作为一个社会人，一切言行，无不受到礼的制约。

“不学礼，无以立。”如不遵照社会的规范、准则活动，人们便无法在这个社会立足。礼学是孔子毕生从事研究的主要课题，也是其教学的重点内容之一。他想通过这些思想影响人内在的德行，让人的修养从自然人过渡到社会人。

智

知日为智，知天道。知道日月运行、四季变化规律的人是有知识的人，是智者。“智”就是智慧，“智者不惑”，智者不会迷惑，不会听信别人的谣言，不会愚昧，不会被表面现象所蒙蔽。“四十不惑”，人四十岁的时候就应该是一个智者。智是一种处事的智慧。“知者乐水，仁者乐山。知者动，仁者静。知者乐，仁者寿。”“知者”达不到“仁者”这个高度，“仁者”要高于“知者”。智是走向仁的途径。“仁者安仁，知者利仁。”智行是以仁行为标准而进行的，是实践仁时必不可少的素质。

信

为人诚信、待人以诚是人际交往的基本准则。孔子讲的“信”以符合仁义标准为原则。诚信是立身之本，也是立业、立国之本。国家之信、单位之信、家庭之信，最终都体现在个人之信上，所以培养一个人的诚信意识，具有不可低估的作用。

孔子将“信”作为“仁”的重要体现，认为“信”是贤者必备的品德，凡能在言论和行为上做到真实无妄的人，便能获得他人的信任。守信是管理者管理成功的一个秘诀，其原因在于信本身就有威力。

董仲舒提出“罢黜百家，独尊儒术”，推行“三纲五常”。“三纲”指的是君为臣纲、父为子纲、夫为妻纲。“三纲”是落后的、过时的。当今，我们需要培养的是公民，而不是臣民、私民、草民、贱民。“五常”指的是仁、义、礼、智、信，即使放在今天的时代背景下，它还是有存在的价值的，它是建设和谐社会的基石。

恕

“恕”是孔子思想的一个核心，自己所不喜欢的，就不要强加给别人。“恕”更好地体现了“推己及人”的精神，提倡设身处地去为别人考虑，换位思考，用平等的心态去对待别人，用宽广的胸襟去宽容和谅解别人的错误，宽以待人、严以律己。你希望别人尊重你、不要侮辱你的人格，那么同样地你也必须尊重他的人格，不侵害、侮辱他的人格。依此类推，现代人要求和争取的种种权利平等、权利保障都可以从这里找到逻辑起点。

“仁者”应在完善自身的同时想到完善他人，自己追求通达的同时想到使他人通达，要从身边的事情做起，将心比心，为人处事要宽容一点、豁达一点、糊涂一点，要能体谅包容他人、诚恳待人、以理服人。做人处事要立志高远、心胸开阔，要严于律己、宽以待人，以深厚的德泽育人利物。

人非圣贤孰能无过，要允许他人犯错误，给他人认识和改正错误的机会。一旦认识和改正了错误，就应给予赞许，就应既往不咎，不可过分苛责。有时他人所犯过错，都有主客观原因，应诚恳相待，设身处地为其着想，时刻保有同情怜悯之心。

和

孔子提倡要用宽容之心去缓和人与人紧张的关系，反对明争暗斗。儒家提倡的“和”不是无原则的一团和顺、和气，而是承认差异性是和谐的必要条件，差异的存在以达到“和”为目标。“仁者与天地万物为一体”，警示人们不能停留在个人主义、家族主义、民族主义和人类中心主义上，而应达到天人合一、天人和谐。一个单位不和，能发展吗？一个家庭不和，能幸福吗？管理在于管人心，得人心者得天下，单位和谐了，才会有事业发展所需的凝聚力、战斗力、执行力。

正

子曰：“其身正，不令而行；其身不正，虽令不从。”为人师表者的表率作用，主要表现在修养上。孔子强调君主要治理好国家，必须端正自己，严于要求自己。如果己正，管理国家就不会有什么困难；如果己不正，随心所欲，为所欲为，就不可能去端正别人，其国家也无法治理好。管理好别人首先要对自己的行为进行约束，以身作则。这些言论无不给教育工作者以启示。

孔子认为一个品格高尚的人本身就具有典范和威慑作用，而品格低下的人，即便有再大的能力也是无益的。比如，要求下属勤勉工作，首先自己要做到“敏于事”。

学

孔子是勤奋学习、终身学习的楷模，他曾欣慰地自夸：“十室之邑，必有忠信如丘者焉，不如丘之好学也。”而“朝闻道，夕死可矣”，这是其对真理也是对知识的最高期许。他遇到不明白的事情总要仔细地问个明白，他“入太庙，每事问”。“发愤忘食，乐以忘忧，不知老之将至”，求知的快乐可以让他忘记人世间的烦恼，“学如不及，犹恐失之”，一刻也不肯停下求知的脚步。

学习是求知、开智、明理、审美、修身、养性的必由之路，很难想象一个忙于人情应酬、疏于学习的人还能够与时俱进。也唯有“学而不厌、诲人不倦”，才能修己安人，完善自己的人格。

正是对学问的不倦追求，才让大教育家孔子的教育思想博大而精深，至今仍熠熠生辉，值得我们学习，给我们带来诸多启示——

孔子是最早提出教育公平的人，他认为“有教无类”，即主张人人有受教育权，不分贵贱、贤愚、贫富、地域，都可以入学。

重视后天的教育。“弟子入则孝，出则悌，谨而信，泛爱众，而亲仁，行有余力，则以学文。”

重视自省。《论语》中多次提到他谈自省的问题，他要求弟子自觉地反省自己，进行自我批评，加强个人思想修养和道德修养，改正个人言行举止上的各种错误。

学无常师。子曰：“三人行，必有我师焉。择其善者而从之，其不善者而改之。”他认为要随时随地向他人学习，取人之长，补己之短。

学思结合。子曰：“学而不思则罔，思而不学则殆。”

知行合一。他用“诵《诗》三百，授之以政，不达；使于四方，不能专对；虽多，亦奚以为”一段话说明了学以致用的重要性，认为学习知识，就是用来改造我们的生活和我们自身的。

循序渐进。子曰：“吾十有五而志于学，三十而立，四十而不惑，五十而知天命，六十而耳顺，七十而从心所欲不逾矩。”孔子用他自身的学习过程说明了学习是一个循序渐进、日积月累的过程，不可妄想一蹴而就。

因材施教。孔子能根据学生的性格特点有针对性地对其进行教育。

重视培养学习兴趣。子曰：“知之者不如好之者，好之者不如乐之者。”

严谨治学。子曰：“由！诲女知之乎！知之为知之，不知为不知，是知也。”

学做人重于学文。子以四教：“文，行，忠，信。”即文化知识、品德修养、忠诚笃厚、坚守信约。这四项内容说明孔子也是提倡博学多才的。孔子提出“六艺”，即礼、乐、射、御、书、数。子曰：“志于道，据于德，依于仁，游于艺。”可以看出孔子培养的人不是“读死书、死读书”的“书呆子”，而是全面发展的人才。

温故而知新，学而不厌、诲人不倦，举一反三，循循善诱，博学于文、约之以礼，叩其两端，敏而好学、不耻下问，博学笃志等耳熟能详的教育思想都出自《论语》。

友

孔子提出了正确的交友观。正直、懂得包容、博学多闻的朋友，是好的朋友，是值得结交的。善于钻营、喜欢歪门邪道、阿谀奉承的朋友不值得交往。孔子认为好的朋友能够让自己的德行得到提高，主张“以友辅仁”。

孔子认为朋友间相处也要把握分寸，比如，对待朋友，要忠心劝告和善意引导，但是你跟他说了，他不听也就算了，不可则止，你要是一而再、再而三地劝告，可能就会自取其辱了。

克己

孔子认为人的欲望是很旺盛的，人要懂得克制自己的欲望。我们都很爱面子，在熟人面前，在修养方面会表现得好一些，随地吐痰等恶习都会控制一下。在一个没有熟人的陌生的场合，可能恶行就彰显出来了。在这方面，孔子的“慎独”就显得很重要了。慎独就是你一个人的时候，那些不好的念头也不要有，要克制自己。

中庸

中庸之道是天下之至道，不偏之为“中”，不易之为“庸”，中者天下之正道，庸者天下之定理。真理再往前走一步就会变成谬误。中和位育，用到的就是中庸的思想。

曾子修整瓜地，不小心锄断了瓜苗，父亲曾皙大怒，举起大木棍击打他的背，曾子倒地不省人事。良久，曾子才醒过来，高高兴兴地爬起来，向曾皙说：“刚才参得罪了父亲大人，父亲用尽力气教训我，该不会累病了吧?”曾子退下来回到房里，拉起琴弦唱起歌，想要让父亲听到，使父亲知道他身体健康无恙。孔子听说了这件事很生气，批评曾子陷他父亲于不义。他认为曾皙是在愤怒的情况下打的儿子，曾子应该逃跑。如果曾子被父亲打死，就会陷他父亲于不义，这样曾子就是大不孝之人。孔子告诉他，应该“小杖则受，大杖则逃”。从这里可以看出孔子是讲中庸和权变的。

隐

孔子很多次讲到了隐，有时候，自己所推行的道路行不通，所以想乘桴浮于海，到海上找一个小岛去隐居。孔子曾说“子欲居九夷”，想到蛮荒之地去居住。

在和孔子谈到人生理想时，曾皙一边弹琴，一边说：阳春三月，我要和五六个成年朋友、六七个儿童到沂河里游一游，在舞雩台上吹吹风，然后唱着歌，踏着节拍返回来。这也是孔子理想中的大同世界，他认为最好的生活就应该是这样的，民和民之间、人和人之间相处得非常融洽，生活节奏比较舒缓。

2. 积极进取

“天行健，君子以自强不息，地势坤，君子以厚德载物。”这是中华民族精神的集中体现，也是儒家总体的人生态度：刚健有为，自强不息，厚德载物，宽容待人，也就是“内圣外王”。君子修养好了自己的内在德行，就要去服务他人，要承担责任，要刚健入世、积极有为、建功立业。

孔子三岁丧父，早年“贫且贱”，十七岁丧母，三十岁收徒讲学，在齐国因性格刚直不被重用；中年后在鲁国任职，政绩显著；随后周游诸侯列国十四年，颠沛流离，四处碰壁，多次面临九死一生的困境；后回鲁国修书讲学。孔子一生多次遭受挫折，却不动摇，依然弦歌不绝。他用毕生的精力追求着人生的理想境界和社会的治平之道。

的确如此，一个有责任和良知的人在物质生活基本满足的前提下，应把追求崇高的理想人格作为人生中的一种高层次的需求，把理想、信念、责任放在第一位，把个人的小生命融入群体的大生命中，在群体的发展中追求自己的发展，实现个体的价值。

儒家这种积极有为、自强不息的精神观念，激励着历代的仁人志士为了民族大义、天下兴亡、百姓福祉而不懈努力。对中国政治、士人和百姓的人生态度产生了深远和长期的影响。

（二）朱熹理学

朱熹是儒学集大成者，程朱理学是由宋朝的程颢、程颐、朱熹等人发展出来的儒家流派。朱熹与吕祖谦共同编撰了一本《近思录》，这本书是理解周敦颐、程颢、程颐、张载思想的阶梯，也是后世儒生的必读书。朱熹把《礼记》中的《大学》《中庸》单独抽取出来，与《论语》《孟子》合为四书，其一生着力写的《四书章句集注》成为元、明、清三个朝代科举考试的必读书，三个朝代也都将他的学说尊为正统，明朝更是将程朱理学内容列为科举考试的标准答案。

朱熹认为“理”是宇宙万物的起源，是自然万物和人类社会的根本法则。万事万物各有一理，“理”是一事物之所以成为一事物的本质规定。万物“之所以然”，必有一个“理”，“理”离不开具体的事物，形而上者离不开形而下的物。“理”无所不在，不生不灭，不仅是世界的本源，也是社会生活的最高准则。“理”是和我们的生命联系在一起的，是日常的行为准则，是应当如此的道理，按这样去做就是理所应当，不按这样去做就是违理。

存天理，灭人欲

朱熹以饮食为例阐述他的理欲观：“饮食，天理也；山珍海味，人欲也。夫妻，天理也；三妻四妾，人欲也。”朱熹并不反对正当的人性需求，而是反对没有节制的欲望，反对私欲超出“天理”，提倡消灭多余的贪念、消灭得失私欲。后人认为礼教杀人，认为朱熹提出“灭人欲”是要灭除人正当的欲望，这是对这一思想的曲解。

人都有私心、欲望，如果欲望不加节制，必将对他人构成威胁或伤害。人如果无法收敛私欲的扩张，则偏离了天道，不但无法成为圣人，还可能招致灾祸，所以要修养上天赋予的本性，即存天理，以达致仁的境界。天理与人欲既对立又统一，人欲与天理浑然一体，不可分割。天理自人欲中出，并不是高高在上的。天理与人欲，一方战胜另一方，一方克服另一方，互为消长。

格物致知

朱熹认为每一物都有一理，上至无极、太极，下至一草一木一虫，皆有理，都要去格，物的理体悟得愈多，我之知也愈广。由格物到致知，有一个从积累到豁然开朗的过程。格一物、理会一事都要穷尽，由近及远，由浅而深，由粗到精。穷理须穷究得尽，得其皮肤是表也，见得深奥是里也。

（三）阳明心学

王阳明的故居有一副楹联“立德立功立言真三不朽，明理明知明教乃万人师”。这副楹联是对王阳明一生的高度概括和真实写照。王阳明被贬龙场时常常以孟子的“天将降大任于斯人也……”来激励自己，越遇挫折越奋勇。

“心即理”论是王阳明心学的逻辑起点，他主张“吾心之良知，即所谓天理也”，认为求“理”不在于“格物”，而在于“致知”，即“致吾心良知之天理于事事物物，则事事物物皆得其理”。主张依靠自我的“心之本体”（良知）来主宰和支配一切行为，在道德实践中努力实现自我的人生价值。

境无好坏，唯心所造，相由心生，情随事迁。人世间所有的争斗，剥去外衣后都是心战，内心的强大才是真正的强大。人不要被自己一时的情绪左右，负面情绪、认知偏激是因为我们对事理认识得不够。我们往往过于追求外在的东西，而忽略了心灵的力量和智慧，这在一定层面上会让种种乌云遮蔽心性的光明，使我们生活在阴霾里，心灵容易受到消极因素的干扰和影响，在日常生活中，只要受到别人的批评或其他负面言论，我们就会不高兴。只有境界达到一定的高度和心灵足够强大，才能获得内心的自由和幸福。心境高了，一个人的智慧、素质、能力也会随之提升。

王阳明曾说：“吾平生讲学，只是‘致良知’三字。”他认为，人的内心深处，天生便有“良知”，只要把人的“良知”发掘出来，便可做到道德的自我完善。“致良知”也就是把“良知”扩充、推及到万事万物之中，并予以发扬光大，从而将人的潜在道德意识转化成现实的人生价值。“天理”就在人心中，只要修炼内心，每个人都可以成为圣贤。

王阳明的心学在今天也非常实用，它告诉我们：不是每个人都可以成为伟人，但每个人可以通过修行成为内心强大的人。

二、道：道法自然，无为超越

道，讲道法自然，无为超越。儒家、道家其实都把《易经》作为思想的源头。《易经》可谓是众经之首、万经之王。

1. **老子的思想**

道法自然

“人法地，地法天，天法道，道法自然。”这是老子思想的核心。天的处事方式就是天道，天道自然，大自然的万事万物都是循环往复、自我生长的，不受外力的控制。人是大自然的一部分，人事兴衰的规律和大自然的规律是相一致的。老子认为人道要顺应天道，天道就是这样自然而然的，所以人不要去违反自然和事物的规律去强为，强为的后果会很严重。“不知常，妄作凶。”不认识自然规律的轻妄举止，往往会出乱子和灾凶。他指出人要顺应万事万物的规律，按规律去为；因势利导，顺其自然，顺应天时才能走向成功。

学校推行教学改革，也要顺势而为。有的学校领导到外地学习考察之后觉得自己所在学校也要改革，就马上实施改革，根本没有很好地进行调研、培训、设计，直接开会要求教师执行，这往往会让教师反感，适得其反，最后不了了之。

道家告诉我们要按自然规律做事，顺应自然，不要强为。强为是行不通的，在这个世界上有很多目标不是你的力量所能够达到的。

事物相反相成

老子的思想充满着辩证法色彩。他认为事物是对立统一的，事物普遍存在矛盾、对立、运动和转化，转化循环往复。他认为事物发展壮大到极限，反向的效果就悄然生成了。事物对立中你中有我，我中有你，太极图中白鱼的眼睛是黑的，黑鱼的眼睛是白的。

他的另一个重要观点就是“有无相生”，利和用的关系是相辅相成、不可分割的，有“有”就有“无”，有“实”就有“虚”。有了车就要有刹车，有了锁就要有钥匙。开关、长短、高低、前后、真假、美丑、善恶、好坏、智愚、得失都是辩证统一的。不能割裂开来孤立地看待具体的事物，人要有大局观念。一切都有利弊，不要去追求完美，追求完美就会很累。

不争、无为、无私

老子讲以不争争，以无私私，并以水做比喻。

“上善若水，水善利万物而不争。”水滋生了万物，却从不居功自傲。水永远是谦卑的、柔顺的。人亦如此，为人处世要不争名、不争利、不争意气。不争会让你远离祸害，达到理想的人生佳境。“夫唯不争故天下莫能与之争。”我都不跟你争了，你还能够和我相争吗？江海之所以能成为百川归往之处，是因为它善于处在低下的位置。“非以其无私邪？故能成其私。”一个人因为无私反而能达成私心。圣人往往由于退身忘私而能成就理想，利他往往能转化为利己。海纳百川，有容乃大，越是高位者越要有包容之心。

总而言之，水低成海，人低成王。

功成身退

老子告诉我们，事物发展有极限，花开到绚极，就要开始凋谢了；月亮十六日最圆，十七日开始就要慢慢变亏了。水满则溢，物壮则老。事物的发展都是有它自己的规律的，就像抛物线，到达顶峰之后，便开始走下坡路了。

以此来讲，功成身退天之道也。刘邦当年封张良三万户，并可以在齐国选地，张良只要了和刘邦相识的小地方“留”，世称留侯。张良深知刘邦的为人，更懂得功成身退的道理。个人事业发展到了顶峰，要懂得内敛、谦卑，做到最好了，就要急流勇退。

柔弱胜刚强

苏州省有一个老子的雕塑——张开嘴巴，伸着舌头。雕塑所要表达的是老子“柔软胜刚强”的思想——我的牙齿很坚硬，我的舌头很柔软，老了，坚硬的牙齿没了，柔软的舌头还在。告诉人们要懂得以退为进，以柔克刚、为而不争、利而不害。这如水一样，水是最柔软温顺的，滴水穿石，再硬的石头也可以穿透。

知足常乐

老子认为，知适时进退者才能安乐。声色犬马的感官刺激会让人心智狂乱而纵情放荡。贪求宝物而不知满足，时间久了就会使人行为乖戾而举动失常。

人要懂得知足，知足是快乐的源泉，知足是真正的富有。名与身孰亲？身与货孰多？得与亡孰病？甚爱必大费，多藏必厚亡。故知足不辱，知止不殆，可以长久。

明代的胡九韶，家境贫寒，一边教儿子读书一边耕种，勉强维持温饱。他每天下午，还焚香感谢上天又让他享了一天清福。他的妻子笑他，说："一日三餐全是菜粥，这叫什么清福呀？"胡九韶回答："我们有幸生活在太平之世，没有战乱；一家大小有吃的、有穿的，没有饥寒；家中没有人卧病在床，也没有人被关在监狱里，这不是清福又是什么呢？"

2. **庄子的思想**

庄子是宋国蒙城人，他只做过漆园的小吏，一生穷困潦倒。庄子是一个冷眼热心的人，他冷眼观世界，看似冷漠，实则对世界、对生命投入了极大的关心。

独与天地精神往来

庄子充满着想象力，他渴望自己的心能达到逍遥的境界。庄子的人生理想是建立一个自由自在、无拘无束的逍遥世界。庄子的文章里出现了一百多次"游"字。庄子独与天地精神往来，形之委蛇、心之逍遥。他认为人的身体要有一定的食物去维持，虽然身体可以虚与委蛇，但是内心是可以超越世俗的。就像九天之上的大鹏鸟一样，俯瞰人生。而事实上，人在地上就像蚂蚁，一群抬着一粒米在那里忙忙碌碌。人匍匐在地上，为那一点蝇头小利在不断地争斗着。

齐一万物

庄子认为世界万物包括人的品性和感情，看起来是千差万别的，但归根结底又是齐一的。人们的各种看法和观点，看起来也是千差万别的，但世间万物既然是齐一的，言论归根结底也应是齐一的，没有所谓是非和不同。如果你有分别心，不断地去看待这个、那个的不同，世间万事万物就有了差别和界限，就有了是非、美丑、贵贱、大小、多少、成就和毁灭，就有了争论和斗争。

游刃有余

《庄子》的第三篇《养生主》讲了庖丁解牛的故事，并借庖丁的口说了养生之道。技术好的厨师每年更换一把刀，他们用刀割筋肉；技术一般的厨师每月就得更换一把刀，他们用刀砍骨头。如今，我的刀已经用了十九年，所宰的牛有几千头了，但刀刃锋利得就像刚在磨刀石上新磨过一样。牛的骨节有间隙，而刀刃很薄；用很薄的刀刃切入有间隙的骨节，宽宽绰绰地，那么刀刃的运转必然是有余地的啊！因此，我这把刀用了十九年还像刚从磨刀石上磨出来的一样。庖丁这把刀用了十九年，他没有用刀去砍牛骨头。因为牛骨头之间是有缝隙的，庖丁的刀只是沿着骨头之间的缝隙前行，因为刀刃比缝隙还要薄。

庄子借此隐喻什么？人生总有自己的路可以走。即便社会黑暗，处处是障碍，盘根错节，但再黑暗的时代，我们也能够找到自己的容身之地，不要跟社会的强力去扭、去拧、去搅、去对着干。人要寻找那个狭小的空间，让自己的人生得到一种安顿。庄子借寓言告诉我们，如何在障碍缝隙中保全自己。人类社会充满着矛盾，人处世间，只有像庖丁解牛那样避开矛盾，做到顺应自然，才能保身、全生、养亲、尽年。

心斋、坐忘

庄子讲心斋、坐忘。佛教讲斋戒是不吃荤腥，洗净身体。庄子的心斋、坐忘要求的是人的内心干净，心中没有复杂的念头，什么也不想，忘掉一切，甚至忘掉自己的存在。他认为至人无己、神人无功、圣人无名。一个人没有功、没有名，连自己都没有了，那么在这个社会你还有什么可担心的，还有什么能困得住你？人需要在精神上得到完全自由的解放，否则生命的种种困惑、烦恼，是无法从根本上得到解决的。心斋和坐忘是达到人生自由的两大修养途径。只有心斋和坐忘才能游心于万物之外，与大道通，逍遥自得。

看淡名利

当初楚王请庄子去做相国，庄子持竿不顾，说："你们回去吧，我愿意做一只乌龟，在这个池塘里托着尾巴爬行。"庄子其实不是不想做官，而是做官后会活得很艰难、很累，他不愿意，他要自由。庄子瞧不起一切世俗的追求，认为这些追求都是要得到本性以外的东西，要屈服于世俗的势力。庄子把那些追名逐利、不择手段的人称为"猪虱"，即猪身上的虱子，自以为得了膏腴之地，却不知有朝一日要葬身于屠夫的燎火或沸水之中。权力、金钱都会带给人桎梏和束缚。

达观生死

庄子是一个看透了生死的人。庄子的妻子死了，开始他十分悲伤，后来想通了——人，原本是没有生命的，没有形质，没有气。大自然凝生了阴阳二气，二气交合，才有了形质；有了形质，才有了生命。而人，会从有生命变成没有生命，也就是从生又变成死，这样，生死往来就好像春夏秋冬不停地流转一般。妻子从生又到了死，沉睡到天地之间，如果号啕痛哭，是有违天意的，所以他鼓盆而歌。

庄子将死，弟子欲厚葬之。庄子说："把天地作为我的棺材，日月作为我的连璧，星辰作为珠玑来陪葬我，这是真正的厚葬。"弟子说："我是怕把你放在外边，让老鹰、乌鸦把你的肉给吃掉。"庄子说："你把我埋在地下，地下的白蚁会把我吃掉，这跟老鹰、乌鸦吃掉我有什么区别，为什么要把老鹰、乌鸦口中的粮食夺过来给白蚁吃，这不是偏心吗?”他已经彻底看开生和死。

世人多用加法，向大自然掠夺，与人争斗；庄子用减法，无已、无功、无名。

不用机心

庄子认为有机心者是嗜欲深的人，嗜欲深的人，欲望多、烦恼多、痛苦多，就没有智慧去开阔自己本然的心志，也就不能享受生命的自由。他认为人生应以自然合于自然，一切顺应自然，而不造作，求其神全，才能得到真正的自由。

他认为外重者内拙。竞技比赛时太看重结果心就乱了，反而会输。生活也是如此，越想得到往往越会不择手段，结果越容易彻底失去。

无用之用方是大用

庄子曾说小树被砍去拴猴，再大一点的被砍去盖房子，最大的被砍去做棺材。有一棵最大的树，因为材质不好又弯曲，故而保留了下来。大树因为没用反而保全了生命。

《庄子》中提到魏王送给惠子大葫芦的种子，惠子种植后结出五石容积的果子，由于葫芦皮太薄，连盛水、舀水都无法达到，惠子认为其无用就把它砸烂了。庄子说惠子心窍不通，为什么不把大葫芦制成舟浮游于江海。

庄子的大智慧在于知万物皆有所可，有所不可。

保持距离

庄子认为：“君子之交淡若水，小人之交甘若醴。君子淡以亲，小人甘以绝。”

“泉涸，鱼相与处于陆，相呴以湿，相濡以沫，不如相忘于江湖。”

人际交往需要保持一定的距离，靠得太近了就容易有麻烦。所有的恩怨都是人和人太好了才引起的。人和人的感情淡淡的就好，这样才能够维持得更久。

3. **道家的现实意义**

道家面对残酷的现实，从人的心灵深处着手，从回归自然中寻找一条自我拯救的道路。老子自然无为，少私寡欲，贵柔守雌；庄子无己、无功、无名，逍遥放达，把人从痛苦中拯救出来，超越人生困境和世俗情欲，使人获得一种宁静的自由和圣洁的心境。看破了生死，人就不会再偏执一己之见，也就不会放纵狭隘的私情，不陷入世俗的利害，不计较个人的得失。一言以蔽之，视天下万物为一，不被物所役，没有物所累，就能无牵无挂、无忧无虑。

道家告诉我们，人生要淡定从容、游刃有余。我们跟他人闹了点儿不愉快，回到家里还生闷气，只会让自己越来越难受。工作没做好，领导批评了你，你回到家里睡不着，觉得领导对自己有看法，一直思考该怎么办。其实这些事对于人生的幸福都不是决定性的因素，一切喜怒都是由自己的内心决定的，你不把它当回事，它就没有那么重要。

老子、庄子的道家思想能使我们从容、宽心。所以一个人处于下坡路的时候，要多读道家的经典，这是药，能够医治心病。

三、佛：看空放下，随缘自在

佛教刚传进来的时候，中国人接受不了，为什么？因为佛教弟子是不从事生产劳动的，托钵乞食，别人施舍什么就吃什么；佛教让人不娶妻生子，而儒家讲“不孝有三，无后为大”，佛教开始进入中国时，儒家是强烈抵制的。

到宋朝以后，儒、道、佛三者渐渐融为一体。这三者不断地把自己的思想交融糅合在一起，这就是中国人的文化，具有很强的开放性和包容性，儒、道、佛，它不是截然对立的，而是你中有我、我中有你。

人一出生，烦恼就跟着一起诞生了。佛教讲人生有八苦：生、老、病、死、爱别离、怨憎恨、求不得、五荫炽盛。生、老、病、死是自然的痛苦，不可避免。喜欢的人、物分开了，冤家对头天天碰面，想求的东西求不到，身心欲求如火之炽盛，如此种种都导致了人生的痛苦。贪欲才是痛苦的真正根源，人性的弱点造成了人的痛苦。人的欲望就像宇宙的黑洞一样，永远满足不了。

佛家告诉我们，宇宙间一切事物的发生、发展、变化都遵循一定的自然法则，这便是因缘生法。“缘起”：说的是事物的起因、起源，世界上没有独存性的东西，也没有常住不变的东西，一切诸法，都是由于因缘而生起的。世上一切事物都是相互依存的关系，如果没有因缘关系，一切皆不能成就。

例如，当年河南省林县（今林州市）人民修建红旗渠，称为“战太行”；后来因为修渠有了经验，十万林县人民便到全国各地做建筑行业，称为“出太行”；这些外出赚到钱了的“富太行”又回到家乡，改造家乡，美化家乡，称为“美太行”。没有当年的“战太行”，就没有今天的“美太行”，这也是因果。

诸行无常

人生是无常的，人在大自然中是很脆弱的，有很多东西都是无法把握的。好的、坏的、美的、丑的最终都会不复存在。而人从自我的立场出发，都希望好事发生在自己身上，不好的事不要降临，这是人的一厢情愿，万事并不能都随自己的意。在无常面前人类是很渺小的。

诸法无我

佛家认为一花、一叶、一树都和整个世界相连。人原来是没有的，是父亲和母亲的两个细胞结合在一起产生了“我”，人从出生到死亡，每一刻都在变化。人赤条条地来，什么东西都不是你的，最后你什么也带不走，正因为这样，人就不要太执着。诸法无我，连“我”都没有了，还在意什么金钱、地位、名声？如果我们把人生建立在金钱、地位、名声这些脆弱而短暂的事物上，寄托在这些因缘暂时聚合的假象上，就犹如把房子建在沙滩上，死亡终会将这些一扫而光，一切都将归于虚无。

涅槃寂静

人由于自我的利益考量而生出了贪欲、嗔恚、愚痴，有了种种忧伤、痛苦等。因此，人要通过修行了解到诸行无常、诸法无我，用这种态度去看待内在、外在，不要因为时空的不如意而产生痛苦。如此一来，我们可以通过正确的人生观念、正确的生活方式、正确的修行方法到达令痛苦不再生起的安详、喜悦的智慧彼岸。

四大皆空

佛教讲“四大皆空”，是沿用印度固有的思想而加以深刻化及佛教化的，地、水、火、风四大元素，是宇宙自然的，比如，山岳土地属于地大，海洋河川属于水大，阳光炎热属于火大，空间气流属于风大。如把它们化为人体生理的对应物，毛发骨肉属于地大，血液分泌属于水大，体温属于火大，呼吸属于风大；地、水、火、风，是形成一切物质现象的种子，一切的物象都是由四大的调和分配完成的；四大和谐，便会欣欣向荣，四大矛盾，便会归于毁灭，物理现象如此，生理现象也是如此。

慈悲

“菩萨”是“菩提萨埵”的简称。“菩提”为觉悟，“萨埵”意为有情，合起来就是觉悟有情。“有情”是指众生应怀有悲悯之情。慈爱众生并给予快乐，称为慈；同感其苦，怜悯众生，并拔除其苦，称为悲，即给予众生离苦得乐，二者合称为慈悲。

佛陀是伟大的思想家

佛陀并不是神通广大、法力无边的神，他是一个伟大的思想家、哲学家。他与古希腊的苏格拉底、柏拉图、亚里士多德和中国的孔子、老子等一样对后也有着深远的影响，他们提出的思想塑造了不同的文化传统，直到今天仍然影响着人类的生活。

佛讲众生平等，现代社会人心浮躁，物质世界充满诱惑，让人眼花缭乱，贪欲之念波涛汹涌。佛希望的是通过佛的教诲，让众生“诸恶莫作，众善奉行，自净其意，是诸佛教”。

佛教对人的思想产生了重大的影响，重塑了人的人生哲学，丰富了人的理性思维，陶冶了人的审美情趣。佛教也提供了另外一种超越世俗的视角让我们观察世界和人生。

四、游走于儒、道、佛之间的人生

有人说中国有三条大河。第一条就是黄河，黄河流域孕育了儒家思想。第二条是长江，长江、淮河流域孕育的是楚文化，楚文化就是以老子、庄子为代表的道家思想。第三条是珠江，珠江以佛文化而著名，禅宗是中国本土化的佛教。三种文化相互交融，影响了当今中国人的文化基因。

《大学》讲“止于至善”，老子讲“上善若水”，佛家讲“诸恶莫作，众善奉行，自净其意，是诸佛教”。宗教也好，文化也好，都是劝人向善的，这是根本。

儒家的精神，刚健中正、仁慈亲和，倡导人们努力做事、尽心而为。道家的情怀是涵虚脱俗、仙风道骨，告诉人们成固可喜、败亦不忧。儒家是内圣外王、修齐治平，道家是超越世俗、内心平静。儒家是热心救世界，道家是冷眼观世界。儒家是知其不可为而为之，明知山有虎，偏向虎山行，这是自我的一种道义、责任的担当——天下舍我其谁。道家讲无为而无不为。儒家讲究道德教化，以王道来治理天下；道家讲顺应自然，道法自然。儒家是以人道去论天道，道家是以天道来论人道，这是儒、道二者之间的不同和互补。

《论语》开篇给我们呈现的是一个好学的教育家，一个忠厚长者的形象。《孟子》开篇展示的是一个善辩的、推展自己仁义理念的、有责任担当的形象。《老子》开篇讲形而上学的道、有和无，《道德经》中，没有一个人名，没有一个地名，也绝少世俗性。《庄子》开篇展示的是大鱼、大鸟、大海、天空，是一个宏大的天地境界，独与天地精神往来。孔孟修齐治平更关心实践，在大地上仰望苍天；老庄在云端看人，老子关注宇宙和治乱兴替，庄子关注生命的安顿。

我们应以儒家入世的态度做事，以道家隐世的态度做人，又要兼有佛家看淡、看空、放下的胸怀，积德行善，常怀慈悲之心。学校中的一些教师，脾气很不好，与同事之间的关系也处理得不好，抱怨学生，不满家长，屡屡挑战学校制度的底线。我对这样的教师常怀一种同情，希望以佛家慈悲之心来关怀他、帮助他。我努力和他进行一些交流沟通，让他放远人生长线，不要一叶障目、坐井观天。“风物长宜放眼量，”以出世的精神做入世的事。我们每个人都做不到绝对的看空，但可以看淡，不执着于名利。

苏东坡是集儒、道、佛于一身的人，一生三次遭贬。每一次遭贬，他的内心都能够迅速得以安宁，这得益于儒、道、佛三家文化对他的滋养。他的一生游走于儒、道、佛之间。既有入世的情怀，又能随遇而安、潇洒达观。

儒、道、佛文化都是金矿，任何人去取，都会有所收获。儒、道、佛文化博大精深，我们应用时，要取其精华、去其糟粕，不断地去赋予它新的内涵。春秋战国是诸子百家百花盛开的时期，是中国文化的鼎盛时期。后来佛教传入中国，影响了中国人的生活，所以说中国人的文化基因受儒、道、佛这几家文化的共同影响。

我们每一个人都应该以儒家的责任担当为主，人生天地间，责任无所逃。但是有时候累了、烦了、抑郁了、焦虑了、痛苦了，我们又应该适当地看淡和看开。你的心就是一面镜子，世界是你的心的倒影，你的心怎么去观照这个世界，你就会有什么样的行为。就像罗曼·罗兰所说：“我看透了这个世界，但我仍然热爱它。”我最推崇王阳明，王阳明的心学以儒家思想为主，又有道家、佛家的思想，能够让人的内心柔软而强大，富有弹性。一个人的人生就应该是这样的——富有热情、充满朝气，脚步是从容的、淡定的。人充满了这种智慧，人生就会游刃有余。

我们的人生之路就在我们自己的脚下，如果一个人被儒、道、佛的文化打通，他就会有大境界、大智慧、大胸襟、大气度。经典文化其实就是给我们智慧，给我们胸怀气度的法门。

报告回响

在传统文化的大背景中思考人生与教育

钟惠河

“别走得太快，等一等灵魂。”这是印第安人的一句谚语。

如果我们静下来，反观自己的内心，也许会发现，我们走得太快了，一直被眼前的目标所牵引，以致忘记了当初为什么而出发。其实，在我们每个人的内心深处都有着对自己的美好期许，只是由于种种原因，个人的浪漫想象总是与现实的境遇渐行渐远，以至于我们都有点进退失据了。

我们以前的教师培训，大多是安排有关教育教学的理论培训或课堂观摩。像兰校长这样全面谈传统文化的讲座，在我们这里还是第一次，从表面上看他所讲的似乎与教育教学没有直接联系，可是“无用之用乃是大用”，在这个充满生存焦虑的时代，更需要有一种力量来振奋我们的精神。因为解决了心灵问题，人才会全身心地投入工作；理解了天地运行之道，教育教学的方法和技巧也就应运而生了。兰校长的讲座，让我们得以从历史和人文的高度来审视自己的人生，来省察当下的教育，自然也就有了一种“一览众山小”的豁然开朗。

一、追问生命之义

儒家“修身、齐家、治国、平天下”的文化因子已经深深地融进每一个中国人的思想里，大而化之成为家国情怀，小而化之则是努力经营好家庭、做好本职工作、融洽人际关系，这就是儒家文化的血脉，绵延千年而不绝。兰校长把儒家精神比作人的骨骼，这是个很贴切的比喻。中国传统文化的主流是儒家文化，是支撑起中华民族精神的支柱，是刚毅进取、自强不息的。这是推动社会历史发展、增强民族凝聚力的内在动力和精神资源，也是人们自我发展的内驱力。

然而，近百年来中国的传统文化遭受了诸多磨难，甚至被全盘否定过。进入新世纪以来，随着经济社会的发展、科技的日新月异和全球化时代的来临，各种思潮蜂拥而至，我们反而变得无所适从了。越是陷入外来思潮的旋涡里，越是感到思想的虚空，因为我们找不到自己安身立命的精神家园。于是，很多人文学者开始了精神的寻根之旅，为漂泊的心寻找安顿之所。中国的传统文化再次展现了它顽强的生命力。

当前，我们大多数人是在传统文化不被重视的环境中接受教育和思想熏陶的，我们的传统文化修养是非常薄弱的，在面对西方各种现代思潮的冲击时，面对物质至上、浮躁喧嚣的社会现实时，时常感到迷惘，心灵上的悲观失望也就在所难免了。我想这可能也是当前教师职业倦怠的一个重要原因——因看不到教育的价值和意义而迷惘。

“我为何而来?”这个关于生命的终极价值的追问，其实是一直潜藏在我们内心的，只是因为被时间和现实所遮蔽而没有显现出来而已。

在历史上，人们赋予知识分子伟大的使命，正如宋代张载所说的“为天地立心，为生民立命，为往圣继绝学，为万世开太平”。近年来，我们国家提出要为实现中华民族的伟大复兴而努力，民族文化的复兴当然也是其中的应有之义。唐代韩愈说“师者，所以传道授业解惑也”，教师就应该承担这样的责任。

作为一名教育工作者，我们承担着上承历史、下育人才的历史使命，弘扬中华民族优秀传统文化也成为我们的必然选择和历史担当。听了兰校长的讲座，我们更感到中华传统文化源远流长、博大精深，我们更感到肩上的责任重大，更感到需要不断地学习与践行，以提升自身的文化素养，增强“传道”的文化自觉，赋予我们平凡的工作以积极的价值意义，让我们的职业生涯更具文化价值。

二、寻找幸福之源

幸福是源自内心的一种感受。

也许有人会感到赋予教师文化传承的使命太过沉重了，其实不然，我们日常教育教学中所做的一切就是在履行这一职责。老子曰：“天下难事必作于易，天下大事必作于细。”我们能把一件件小事、容易的事做好，就是幸福。按佛家的观点，我们把学生教育好了，就是一件功德无量的事。有时幸福就是这么简单，它取决于我们内心的感受。

儒家讲求内圣外王、修齐治平，道家讲求道法自然、无为超越，佛家讲求看空放下、随缘自在，但它们有一个共同点，那就是都让人追求人生的幸福——虽然采用的途径与方法不一样，但追求的目标并无大异。我们每个人都希望获得成功，儒家强调的是做事先做人，要“格物、致知、诚意、正心、修身”，进而“齐家、治国、平天下”，正“五伦”（父子有亲，君臣有义，夫妇有别，长幼有序，朋友有信），行“五常”（仁、义、礼、智、信），勤业进德，锤炼君子品格，在完善自我人格的基础上实现人生理想，这是追求幸福的正道。道家认为大自然和万事万物都有其运行规律，人要顺应规律，“知其不可奈何而安之若命，德之至也”，既然知道不可改变，那就顺其自然发展，这就是人生最高的德行。在面对困境和无法改变的现实时，道家思想让我们变得豁达与从容。佛家的“诸法无常”和因缘观告诉我们，世间万事万物都是因缘和合而生，时时刻刻都在变化。成功的“果”是各种“因”的汇聚，挫折的“果”也是各种“因”的汇聚，明了了因果，才能更理性地分析事理、自我反省，才能坦然地接受无常的现实。这无疑给了我们认知世界和对待生活的智慧。

兰校长的讲座让我们领略了儒、道、佛三家思想的精髓，让我们对社会、对人生有了更理性的认识，进而转“识”成“智”，培养生活的智慧。从兰校长的讲座中我们还可以领悟到儒、道、佛三家兼容并蓄，即人生之道——要以儒家思想来涵养自己、以道家思想来冲淡自己、以佛教思想来参悟自己，达到既能乐观进取，又能想得开、放得下的境界。兰校长之所以能放弃别人梦寐以求的国家教育行政学院附属实验学校校长的职位，毅然辞职南下，正是他丰厚的文化积淀下的追求人生体验的抉择。

在当今这个浮躁的时代，我们更需要保持内心的宁静与从容，在儒、道、佛的文化经典中寻找人生的智慧：把心沉得更低一点，才能海纳百川，有容乃大；把胸怀打得更开一些，才能呼吸到更多的新鲜空气；把目光放得更远一些，脚步才能更加稳健。我们要用出世的智慧来做入世的事情，用先贤的智慧来滋养自己的生活，拥有幸福的人生。

三、感悟教育之道

兰校长的演讲虽然没有直接谈到教育教学，但教育之道已在其中。

兰校长在家乡的一所规模很小的农村小学当校长时，冬天就带着学生跑步，元旦时排练了很多文艺节目到各个村庄去演出，用今天的话来说，这就是学生的综合实践活动课程；他到县城当校长时，建设校园电视台，培养小记者，让小记者实地采访县“两会”，在当时实属创意之举；他在海口英才学校任校长时，推行素质教育，组建了全国最大的学校民乐团，该民乐团还到奥地利维也纳金色大厅做专场音乐晚会；他在北京大兴区第二小学任校长时，在保持学校办学传统的基础上，“嫁接”了自己的办学理念，推动了语文教学的改革，在这些学校，兰校长的管理均取得了非常好的成效。兰校长之所以能在不同的学校都演绎出精彩的人生，就是因为他把握了教育的“道”，能因势利导、顺势而为，最终取得累累硕果。兰校长之所以能不断地取得成功，我想跟他的传统文化修养，特别是对儒家文化的研究是分不开的。

孔子是大教育家，《论语》中的教育智慧可谓俯拾皆是，当代的教育思想在《论语》中几乎都可以找到相应的实践案例，很值得我们去研究。如因材施教、启发式教学、对话教学、自主学习、合作学习等教育教学方法，在《论语》中屡见不鲜，孔子甚至还开发课程、自编教材（删定《诗经》三百篇等），这在今天仍然值得我们去学习和研究。

在儒家的教育体系里，重修成德行更胜于重学文。我们如果深入分析一些教育教学改革成功的学校就会发现，他们大多先从德育的改革入手，抓好学生的品德教育和行为规范教育后，再推进教学方面的改革，这种现象值得我们思考。

道家的顺应规律、矛盾对立面的相互转化和事物是发展变化的观点，告诉我们不能用一成不变的眼光看待学生。佛家说“一切众生皆有如来智慧德性”，意思是说每个人都可以成佛，都可以进步。著名特级教师王崧舟说：“教育当以慈悲为怀。”如果我们能有一颗“慈悲心”和“普度众生”的精神，很多教育问题就会迎刃而解。我们也会在自度、度他中获得职业的幸福感，也就会感受到“华枝春满，天心月圆”的圆满境界。

总之，当前我们的教育一直处在西方各种文化思潮和教育理论的重重包围之下，我们难道不应该突出重围，寻找回“家”的路，在传统文化中去汲取滋养我们教育和人生的智慧？

报告回响

“他人”存在的价值

林有选

这次培训，有幸聆听了兰祖军老师“谈游走于儒道佛之间的人生”主题演讲。在演讲中，兰老师用平和、幽默的语言追忆往昔，诉说自己一路走来的坎坷历程。演讲内容以独特的人文情怀诉说着教育之美，折射出兰老师治学、治家、处世等多方面的智慧，让我感慨颇多。虽然自己才疏学浅，未能全然理解，但作为一名初为人师的教育工作者，能从中撷取一二，便如同得到黑夜之炬，令我受益匪浅。

兰老师在演讲开篇便指出国学中各种为人处世的深意所在——儒家讲人与人的和谐相处，道家讲与世无争，佛家讲慈悲心。这些是他随着人生经历的不断丰富，回首往事、细细揣摩，慢慢体会到的。在此基础上，他将三家的理论融会贯通，汲取精华、为己所用，从而形成了自己独到的智慧。

兰老师在讲座中谈到了“孝”，并推及至“忠”和“恕”就是仁的核心。的确如此，我们要学会换位思考，推己及人，尊重他人。常言道：“百善孝为先。”孝是做人之本，是一个人必须具有的品质。试想一下，一个连自己的父母都不管、不尊重的人，他还能管谁，尊重谁？

说到人生价值，兰老师认为，他人的存在是彰显自我价值的前提，因此要时刻保持感恩他人、尊重他人之心。尊重他人是一个人必须具备的素质。要知道正是有了千千万万个他人，才成就了小小的自我。长久以来教育存在的弊端就是只注重知识和技能的传授，缺乏对人的关怀和人文精神的培育，忽略了对人善德之心的培养。

在演讲过程中，兰老师自始至终都以谦卑的态度与人交流，给人一种被充分尊重的感觉。这不由地引起了我对“他人”存在的意义的深思——孩提时，父母总是毫无保留地给予我们无微不至的关爱与呵护，教会我们说话、走路，教会我们心怀美好拥抱世界；求学时，老师用心良苦、谆谆教诲，传授给我们知识，照亮我们人生前行的方向；职场打拼时，单位给了我们展现能力、实现自身价值的平台，领导、同事对我们遇到的困难总能点拨提醒、真情相助。

人，不能遗世而独立，正是有了他人的存在、他人的帮助，才有了今时今日的自己。我们在自我成就、自我发展、自我实现之时，更应抱着谦卑的心态，尊重他人、感恩他人、回馈他人。兰老师以独到的视角，谈了自己对教育的看法，认为教育者在教育中起着重要的作用，他们所拥有的教育情怀、人文情怀影响着学校的每位教师、每位学生。

写作之“道”

名师简介

陶继新，山东教育社编审，山东省作家协会会员，中国孔子基金会传统文化教育分会副会长，中国教育学会传统文化教育中心副主任，中国教育报刊社·现代学校联盟副秘书长。

陶继新曾被评为《中国教育报·读书周刊》2005年度十大推动读书人物。他在《人民日报》《光明日报》《中国教育报》和《人民教育》等报刊上发表长篇通讯、教育教学论文、编辑业务论文、访谈、评论、散文等1000多篇，800多万字。其著作有《做一个幸福的教师——陶继新教育讲演录》《高效教学的道与术——陶继新教育讲演录》《经典教育让生命有根》《种好心田——魏书生与陶继新的幸福教育》《让幸福与经典同行——儒释道与中国人的心灵智慧》《做一个卓越的校长——陶继新对话名校长》《情智教育十日谈》《语文的文化品格》《教坛春秋——20位中学教师的境界与智慧》《行旅有道》《名校之道——陶继新对话名校长》等40多部。

叶圣陶先生曾经说过：“语文教师教学生作文，要是自己经常动笔，或者做跟学生相同的题目，或者另外写些什么，就能更有效地帮助学生，加快学生的进步。”苏霍姆林斯基也曾指出：“学生不会写作文，最简单的原因是教师不会写作文。”可见，学生会不会写作，写得好与不好，与教师喜不喜欢写作，写得好不好有着直接的关系。我在曲阜师范大学当老师的时候，就是教的文选与写作课，不但经常与学生同步写作，而且自己还写论文、散文、小说。缘于此，我才能在指导学生写作方面得其要道，并在学生中建立了比较高的威信。

后来到了山东教育社工作，当了编辑、记者，此后还兼任了《中国教育报》记者，写作的数量逐渐增加。尤其是退休之后，有了更多采访与写作的时间，写的文章也多了起来，每年见诸报刊的文章都在六万字以上。写得越多，越感到写作不但不是一种负担，反而是一种享受。所以，就有了今天这个报告题目——写作之“道”。

人的很多努力终极目的都是让自己的人生更加幸福，让自己的内心更加充实。为什么很多人抵达不了生命的更高境界呢？在写作中，为什么很多人无法进入游刃有余的境界呢？原因当然非止一种，而只在技术层面行走，进入不了“道”的境界当是其中之一。《周易》中有一句话说得很好：“形而上者谓之道，形而下者谓之器。”孔子说：“君子不器。”写作也是这样，只在“器”与“术”的层面努力，是永远写不好文章的，更体会不到其中的乐趣。

有好多教师写起文章来很困难，甚至感觉很痛苦。这个过程我也经历过，但是现在，我只要一写作，心里就有一种难以言表的愉悦感。什么原因？因为在写作过程中我能获得最大的心灵慰藉。其实，如果能在写作中触摸到“道”，写作就有了审美意义，就成了特殊的生命体验。

一、谈“玄”论“道”

咱们先来看看古代的圣贤是怎么谈道的。

孔子说：“吾道一以贯之。”意思是说：我讲的道是由一个基本的思想贯彻始终的。他的弟子曾子解释说：“忠恕而已矣。”一个是忠道，一个是恕道。所谓恕道就是“己所不欲，勿施于人”，自己不喜欢的也别强加于别人。忠道就是“己欲立而立人，己欲达而达人”，即自己发展了希望别人也发展，自己成功了也要帮助别人成功。孔子的道有道德的诉求，有品格的升华，是在一种高尚人格层面上形成的。

老子在《道德经》开篇就说：“道可道，非常道；名可名，非常名。”还说：“道生一，一生二，二生三，三生万物。”“人法地，地法天，天法道，道法自然。”“道可道，非常道”，是说大道是没法用一般语言说清楚的，说出来的道就不是大道了。我觉得老子这个道是运行于宇宙万物之间的，是我们看不见、摸不着的一个生命规则，这个生命规则存在于一切事物之中。关于道，我们知道得太少了，但它又是确确实实存在的。“人法地，地法天，天法道，道法自然”即是说，生命及自然神秘莫测，但是它有一个内在的生命链条，我们如果跟这个链条产生碰撞，不按它的规则走，必然会受到惩罚——当下也许不会马上显示出来，在某个生命节点上却会让你受到惩罚。

由此我们再来看写作。写作记录了一个人的思想、实践以及感悟等，当其以文字形式呈现出来的时候，就有了生命。好的作品能够流芳百世；而没什么价值的作品气数则很短，可能在一两年甚至更短的时间内就会销声匿迹。

写作最高的境界当然也会用到技巧，只是在这个过程中你感觉不到技巧的存在，而只沉浸在写作带来的身心愉悦之中。即在写作过程中你并没有特意去用这个技巧、那个技巧，技巧却自然而然被运用了。

大家在上高中的时候大都读过一篇课文叫《庖丁解牛》。讲的是有一个名叫丁的厨师替梁惠王宰牛，手所接触的地方，肩所靠着的地方，脚所踩着的地方，膝所顶着的地方，都发出皮骨相离声，进刀时发出有节奏的响声，这些声音没有不合乎音律的。梁惠王说：“你的技术怎么会高明到这种程度呢?”他只看到了庖丁解牛的高超技术，并没有弄明白其中的门道。庖丁告诉他说：“臣之所好者道也，进乎技矣。”意思是说自己所喜好的是生命的规律，这已经超过了对宰牛技术的追求了。所以，宰牛的时候自己只是用意念去接触牛的身体就可以了，而不必用眼睛去看，就像感觉器官停止了活动而全凭意念在活动一样。这就进“入道”的境界了。“冰冻三尺，非一日之寒。”庖丁整整宰了 19 年牛，其实刚开始宰牛的时候，他对牛体的结构还不了解，看见的是整头的牛，也并没有进入“恢恢乎其于游刃必有余地矣”的境界。看来，由技到道，这是一个必须经历的过程。开始不可能不需要技术、技巧，没有那些技术、技巧，也就没有后来的“悟道”。

写作不也是这样吗？抵达写作最高境界的人，很少再考虑写作的形式，也很少再刻意去思考用什么修辞手法，因为“技”已经悄无声息地融进“道”里面了。不过，正如庖丁解牛一样，开始的用功与努力是必需的，想达到游刃有余往往是要经历一个过程的。正如王国维在《人间词话》中所说，古今之成大事业、大学问者，必经过三种之境界：“昨夜西风凋碧树，独上高楼，望尽天涯路”，此第一境也；“衣带渐宽终不悔，为伊消得人憔悴”，此第二境也；“众里寻他千百度，蓦然回首，那人却在灯火阑珊处”，此第三境也。写作何尝不是如此？没有第一境界与第二境界的磨砺，是不可能步入第三境界的。到了第三境界，也就入道了。有了一定境界之后，写作的时候，兴之所至、心之所想便可以自然形成文字，而这些文字此时也多了思想与文化的内涵。

二、离“经”叛“道”

不少人写作时为什么无法游刃有余？因为离“经”叛“道”了。要想有道，先要看道、读道、背道及悟道。

马云说过这样一段话：“中国是先把仁、义、礼、智、信这些道理都想明白了，想彻底了，才有了后面两千年的辉煌。中国曾经有 800 年的 GDP 是在全世界排第一的。《论语》才 11000 多字，也就报纸的一个版面，但影响并治理了中国 2000 多年。”他认为阿里巴巴之所以能有今天的辉煌，靠的就是诚信与担当等。其实，这就是经商之“道”。

写作也一样，只有遵道而行，才能走向成功；如果离“经”叛“道”，则必然滑向失败。什么是离“经”叛“道”呢?

1. 心灵浮躁

当今社会浮躁之风盛行，功利之心蔓延，以致有些人对名利的追索也达到了无以复加的地步。在这种精神状态的支配下，自然什么事也不可能干好。写作的时候，是需要安静的，如果心里很乱，以至怒气冲天，当然是不可能写出好的作品来的。

有人曾对我说他的作品都是晚上写出来的，原因是白天比较乱，心静不下来。我对他说我的作品都是白天写出来的，因为只要心静了，外界再多的喧嚣也无法打扰到我。心里浮躁时不但写不出好的作品来，甚至生命之本也会丢掉。

2. 语言雕琢

语言的美，美在自然。好的作品或鹥金结绣，或质朴无华，像山涧的溪水一样给人以天然的美感。而刻意雕琢，堆砌辞藻，就会失去本质美，让人读来不舒服。道的要义，在于真实，在于自然。违道而行，当然也就不可能走进文字审美的境界了。

3. 内容造假

我看到有一篇文章，说的是中国人不讲诚信、造假的现象是从小学生作文开始的。这一推论的合理性还有待商榷，但学生作文作假是一个不争的事实。是不是可以写不真实的事？当然可以，因为小说的很多内容都是虚构的。但你要知道，这个虚构是对生活的艺术再现，它来源于真实的生活却高于生活真实，是一种更高层次的真实。如果写一篇记叙文也随意编造故事，就违背作文真实性这一原则了。

有真情实感，写出的文章才能打动人。如果连文章中的感情都是虚假的，不但无法让读者为之感动，反而会惹人生厌。

近几年读一些作品，往往看上一两页就搁置下来了，因为文中流淌的感情是虚假的。不管作者如何渲染，假的就是假的，就是不能打动读者，读者当然就不会喜欢了。

其实，内容造假的背后，是做人失真。做人失真，其人生价值必然失去。

4. 阅历贫乏

作品是文章的映照，没有生活，就没有好作品。可是，现在有的人没有某种生活经验，却要硬造出一些所谓的事实来，自然也就写不好了。诺贝尔文学奖获得者莫言，如果没有小时候在家乡高密经历过的生活磨难，是很难写出《红高粱家族》这一类的好作品的。正是这些丰富的生活经历，成了作家们一生的精神财富，让他们有了源源不断的写作素材。

相反，有的作品由于作者没有丰富的人生阅历，内容是凭空编造出来的，根本没有生命根基。他们也许认为读者不知其详，甚至认为自己编得十分高明，可事实上几乎所有的读者都有一双“火眼金睛”，自然辨得出真假。

故而，写作是有道可循的，如果离“经”叛“道”，非但不能写出经典作品，甚至连一般作品也难以写出。

就学生甚至教师而言，生活相对来说是比较单调的。特别是在唯分数至上的今天，教师为了提高学生的成绩加班加点，学生为了考上理想学校早起晚睡，远离了有万种可能的大自然，也很少走进融世间万象的社会去实践。而后者，恰恰是学生以至教师成长所必需的营养。他们就此离“道”而去，当然写不出好的作品，更遑论步入写作的高境界了。

三、以“术”思“道”

刚开始写作时也许不能近道，但必然会用术。我想提醒大家：在用术的时候，也必须考虑道，不能只在术那个层面徘徊不前。

1. 标题的构思

我把标题称为文章的眼睛，它是透视文章的一个极其重要的窗口，好的标题会吸引读者去窥望文章的内容。不仅文章，书也是这样。一本书出版之前，作家与各出版社都会在书名上下一番功夫。

这其中不乏对术的追求，但如果书名与内容达到了和谐统一，也就有了道的况味。

可我们不少教师并没有意识到标题的重要性。有的教师将写的文章向报刊社投稿，以期发表，但更多时候是“泥牛入海——无消息”。原因在哪里呢？第一，质量达不到发表的要求。第二，编辑部收到的稿子太多，即使稿子质量不错，有时因为人手与时间等因素，难以读完全文甚至没有读就“马放南山”了。第三，标题平平，编辑眼睛一扫就将其打入了“冷宫”。

1983 年第 1 期《中学语文教学》上发表了我写的一篇文章，其标题为《刻者惨淡经营，笔者织锦成文——漫话“核舟”人物》。这是当时我教学《核舟记》时有感而发写的一篇教学论文。第一次投稿便“胆大包天”地把它寄到了《中学语文教学》编辑部，怎么也没有想到，编辑部马上来信说，文章很好，已被录用，不要再往其他报刊投了。这篇文章倾注了我很多心血，文章标题是反复思考后才定下来的。这个题目不但可以让读者明确《核舟记》的核心内容，还有对偶之美。

自 2009 年以来，我用通讯、对话、访谈等形式，在《中国教育报》上发表了 200 多万字的文章。在写作的时候，我尤其注重对标题的构思。为了拟定一个好的标题，我会反复思考，甚至“为伊消得人憔悴”，直到满意为止。比如，我与武汉市常青实验小学万玉霞校长的对话文章标题为《点亮心灯——唤醒灵魂的教育》，与贵州省实验中学刘隆华校长的对话文章标题是《尊重生命，在教育的“禁区”中前行——贵州省实验中学教育惩戒的探索与实践》，与广东省从化中学原校长邱榕基的对话文章标题是《踏上“求仁”征途的现代君子——与广东从化中学邱榕基校长对话》；为江西金太阳教育社区民心工程所写的通讯文章标题是《“修己以安百姓”——金太阳教育社区民心工程侧记》，为山东省东营市河口区合作办学所写的通讯文章正标题是《在“善假于物”中创新求变》，为黑龙江省北安市教局所写的通讯文章正标题是《以“心”为本，彻见大“道”》；为广西壮族自治区教育厅原厅长秦斌所写的访谈文章标题是《激活师生思维张力的探索与实践》，为济南市历下区教育局所写的文章标题是《"软""硬"兼施，铸造一流教育品质》……

如果写了一篇很长的文章，内容也很好，但因出版方版面有限，自己又不想压缩文字内容，怎么办呢？其实，这里面是有诀窍的，那就是把文章中的每个小标题拟好。每个小标题就像电视剧每集中最精彩的部分，会吸引着读者一集一集看下去。编辑刚开始可能没有时间细看全文，可一旦被小标题吸引，便会不由自主地看下去。

山东省沂水县沂水镇成人教育学院有一名老师叫黄同杰，他带着妻子连续三年自费考察黄河。采访他之后，我写了一篇很长的文章，投给了《中国教师》，心想：编辑能用三分之一我就心满意足了。结果全文一字不落地分上、中、下连续三期予以发表了。因为我在小标题上下了点功夫，每个小标题都是本部分内容的浓缩，尽管稍微长了一点，但由于比较精彩，便吸引了编辑的目光。

编辑部后来打电话说，起初一看文章这么长，本来不打算用了，可是文章题目很有味道，颇有新意，看完小标题就有了阅读全文的欲望。全文看完，内容又特别好，最终决定把全文分上、中、下三期发表。

拟文章标题如此，拟书名更是如此。事实上很多读者不是读了书再去买书的，而是看到好的书名才去买的。我的 40 多部著作，大部分题目还是不错的。比如，我的个人专著《做一个幸福的教师——陶继新教育讲演录》《高效教学的道与术——陶继新教育讲演录》《教坛春秋——20 位中学教师的境界与智慧》《治校之道——20 位名校长的智慧档案》《行旅有道》等，与魏书生对话的《种好心田——魏书生与陶继新的幸福教育》，与王崧舟对话的《语文的文化品格》，与孙双金对话的《情智教育十日谈》，与赵春梅对话的《天问：中国幼教豁然洞开》等。这些书由于内容和书名相得益彰，所以很受读者欢迎，有些书已经重印了十几次，成为教育类的畅销书。

不过需要说明的是，如果内容不好，即使书名再好，也是没有意义的。那种内容平常、以书名猎奇的书，都是不"长寿"的。如果内容不好，而企图用奇特的文章标题或书名来引人关注，何止于名不符实，更是有道德方面的问题。目前市面上确有这类图书，购买之时，需小心才是。所以，只有“文质彬彬”，然后才能“君子”，才能既有形之美，又有质之妙，也才能走向以“术”思“道”的正途。

2. 从容叙说

所谓从容叙说，就是写文章跟谈话一样，慢慢谈，自然谈。有些人建议我讲课时多抒发感情，最好声音大一些，以起到振聋发聩的作用。我以前确实这样想过，也这样讲过，但现在不这样讲了。我觉得如果故意装腔作势地去抒发感情，听与讲的人反而会感到非常别扭与难受。做报告如是，写文章亦如是，故弄玄虚实属多余，作者应将自己要写的内容从容、自然地呈现在读者面前。

以前到一些地方考察的时候，我常常会去看当地的名胜古迹。看到了美丽的景色，接触到了各种各样的人与事，会有特殊的感受，于是，晚上我就把这些感受记录下来，后来出版了名为《行旅有道》的散文集。

我去采访上海市第八中学特级教师沈红旗的时候，几乎是将所看到的他家的场景原封不动搬到了作品中——

沈红旗老师的居所是市区的一座典型的旧上海的木制阁楼。

借着并不明亮的灯光，蜿蜒地深入小巷之中，踏上窄窄的木制楼梯，一步一步地攀上三层，就到了他那红漆的木制地板的居室。一张旧床，一排书架，一张书桌，一盏台灯。如是而已。

但用他妻子的话说，沈红旗是异常富有的。

当然，这“富有”多是指精神层面。

这是这篇通讯作品的开头部分，它不但自然地展现了采访之地，也自然地引领着我开始了往下的写作。

在我的40多部著作中，对话类的占了“半壁江山”。我获得一篇文章甚至一本书所需的材料，主要采取了两种方式：其一是网络聊天。比如我去采访某个校长的时候，几乎没有什么当场记录，只是用大脑过滤采访的信息，而后形成对话的基本思路。这个思路经被采访的校长同意之后，我们会共同商定一个对话时间，然后通过网络聊天的方式，少则三四个小时，多则六七个小时，一篇万字左右的对话文章的材料就有了。由于是即兴写作，就有了自然生成的特点，也就有了一定的可读性。聊天时要求大脑必须高速运转，因为我不知道对方要发来一段什么样的文字，但要在短暂的时间里给出自己的理性评价。这种富有挑战性的聊天激活了我的大脑，常常让我文思如泉涌，下笔即成文。不过，毕竟是现场生成的文字，粗陋之处在所难免。

其二是与名师现场对话并录音，之后将录音进行整理，交给出版社出版。比如，由中华书局出版的《让幸福与经典同行——儒释道与中国人的心灵智慧》，就属此类，记录的是我与高僧空海法师的对话。在这本书的跋中，我曾写道：

对话空海师父，似乎是偶然中的必然。起初，只是准备对他进行采访，写篇通讯报道性的文章而已。可是，听了朋友的介绍，又看了他的一些录像资料之后，觉得他并非一般意义上的出家人，而是对儒释道三家都有研究，且有生命感悟的大家。于是，改变初衷，转为对话空海，然后共同出版一本属于我们两个人的新书。

之所以采用这种即兴对话的方式，并非一时心血来潮。在近三年时间里，我与教育人士的对话文章已经发表百篇以上，每篇都在万字左右，出版的对话著作也有七本，而且产生了一定影响。

可是，这些都已成为过去时，如何“道法自然”地充实且超越自己，则是我今年春节期间常常思考的一个问题。这次与空海师父的对话，当是这一思考的结晶。

2011 年 3 月 17 日至 21 日的五个晚上，在福建省福鼎市秦屿镇冷城灵峰寺，与空海师父关于“迈向高等心灵”的对话，让我有了一次超越既往的机遇。

在灵峰寺，第一次与空海相见，感到他是那么亲切与自然，有一种“似曾相识”的感觉。在商量对话提纲的时候，虽然我们也有个别不同的意见，可是，深谈之后，很快达成共识。

3月17日晚上19时10分，我们的对话按时开始。面对空海这样的大师，我的心里平静祥和，并不是说自己有多少修为与智慧，而是感到很幸福。这是一次难得的学习机会，还有比学习更幸福的事吗？更何况是向高人学习呢？

五个晚上的对话过程中，我们两个人的思维都非常活跃。空海师父的谦和与微笑，一直给我一种积极的心理暗示；他那充满智慧的连珠妙语，又不时激起我内在的生命潜能。对话激起听众一阵又一阵的掌声与笑声，这掌声与笑声，又给我们以生命的能量，让隐藏于我们心灵深处的生命感悟常常脱口而出。于是，又有了新的掌声与笑声。这种生命的互动，让这次对话有了别样的亮色。

我们把对话的录音稿加以整理，就成了这么一本书稿。我自己也许有点敝帚自珍吧，觉得其间确有不少生命的灵性，它对人何以走向真正的幸福，一定会有一些启示，它也会让人思考，生命的意义究竟何在。

这本书问世后，在社会上引起了很大的反响，受到了普遍好评。这固然与内容有关，同时与即兴言说、对话成文的形式也不无关系。因为它更鲜活、更自然，让读者读来有一种轻松自然甚至身临其境的感觉。

与中国教育部体育卫生与艺术教育司司长王登峰合著的《经典教育让生命有根》，与著名教育改革家魏书生合著的《种好心田——魏书生与陶继新的幸福教育》《享受学习——魏书生与陶继新的教育智慧》《做一个优秀的家长——魏书生与陶继新的家教智慧》，与著名小学语文特级教师王崧舟合著的《语文的文化品格》都是通过现场谈话录音整理成书的。

当然，现场谈话，即兴演说，有时难免会出现一些口语甚至出现重复的话，这些在整理文字时稍加修改即可。由于是率性而言，文字的自然形态显得非常突出，读来就有了听人当面聊天的感觉，由此便拉近了文字与读者的距离。

四、以“质”求“道”

1. 独有的内容

如果写人云亦云的内容，作品肯定没有新意；相反，如果从人无我有的素材中提取写作的材料，就有可能写出让人耳目一新的作品。

我曾写过一篇文章《一位辞去百万年薪的博士生——夏杨的“另类”思维与“非常”行动》，文中的主人公夏杨，舍弃了银行年薪百万的工作，进入剑桥大学世界顶级实验室进行学习与研究——当时他只是一个22岁的年轻小伙子。

夏杨不同寻常的创新思维，让他有了常人很难有的阅历——

在剑桥大学本科学习期间，他参加了许多社团活动，还在其中担任了重要的职务。他以剑桥大学生物社团主席的名义，联系邀请了包括十多位诺贝尔奖获得者、英国皇家科学院院长和英国政府科技顾问在内的顶级科学家，在两年内成功举办了四十余次生命科学讲座。他幽默地对我说，这些成功得益于优秀的平台和他的强烈的事业心。而令夏杨特别得意的是，就在上学和课余开设讲座期间，他通过自己的口头申请和面试，成为英国医学研究委员会顾问、1997年诺贝尔化学奖得主约翰·沃克教授实验室助理、剑桥大学生命科学院院长兼生物化学系主任汤姆·布伦德尔教授实验室助理等。他对我说，他太幸运了！

而更为重要的是，他在与这些名人的接触中，学到了在任何书本中都没有学到的东西，有些甚至是刻骨铭心的。这些大师的谦虚、认真与执着，已经一点一点地融入了他的意识里，进而外化出来，让他有了不同于别的同学的突出表现。

夏杨以中国学联外联代表的身份，负责接待官方领导，且和各个层面的人士进行过交流。他在接待时任教育部部长周济的时候，还借机向周部长呈上了一份他父母创办的学校———山东英才职业技术学院（今山东英才学院）的有关材料。他开玩笑地说，此举也能说明他对父母与家乡教育的一片深情。

同时，他还创立了一个剑桥大学中国医学社团，担任首任主席。中医虽然是他的爱好，但成立这样一个社团更源于一种历史的责任感。在英国，他发现人们对中国传统医学要么感到神秘莫测、将信将疑，要么根本就不尊重、不理解。可他认为，中医博大精深，是中国传统文化的瑰宝，如果能借助社团让中医文化走进英国人的生活，便是为中国传统文化做出了一份微薄的贡献。

正是参与了很多社团活动，他有幸拜访了金庸、邓亚萍等各方面的名人，有些还成了他的好朋友。特别令他自豪的是，他收到了三十余位诺贝尔奖获得者的亲笔信。

上面所写的夏杨的独特经历，只是我这篇一万多字文章的一部分，其他内容也都有这部分内容的特点。所以，这篇文章发表后，引起了强烈的反响。

也许有人说，哪有那么多夏杨这样的孩子？我们接触到的都是平常之人、平常之事。事实确实如此，可这并不等于说就没有属于你的写作内容了。比如写旅游吧，某个景点可能有成千上万甚至上亿个游客观览过，可由于各人的生命体验不同，当时的感受也就大不一样。比如2003年5月，我去张家界旅游的时候，就写下了好多篇游记，而且都有独特的视角。比如，《“地下魔宫”黄龙洞》这篇散文就是我观察之后形成的文字，自然不同于一般化的导游解说，而且其中的感受也是属于我个人的。其中就有这样一段——

我还感到大自然的深不可测，甚至有一种恐怖的感觉。没到过黄龙洞的人是无法想象它的神奇的：洞分四层，垂直高度约有160米，长度达13千米，最大的厅堂竟有12000平方米，可容万人。其间景象万千，各有奇妙。加之阴河幽深，瀑布倒悬，路途七转八折，石笋高低、大小、形态各异，令你感到大自然有更多的未知与玄妙。后来我因贪看一点风景，与团队失去了联系，独在洞中寻径而行，许久不见一个人的踪影。见奇象之瑰丽，更觉幽洞之可怖。此时突然萌发了一个怪诞的想法：设若大自然不经意间给我开一个小小的玩笑，将洞门暂闭，我便会与我的同行者永远地隔离，时间一久，兴许还会变作一尊化石，成为后人的一种难解之谜。于是又发浩叹：

人在大自然面前，真是渺小得如沧海之一粟。激怒大自然，它只需一抬手，一投足，就可以令你顷刻间“灰飞烟灭”。

终于摸至洞口，但见阳光灿烂，绿色漫山遍野，游人嬉闹浅唱，好一个“人间天上”的景象。可是回首洞里，犹有毛骨悚然的感觉。这可怖与壮丽，这奇妙绝伦与不可思议，将长久地在我的心弦里回旋。

如果没有这个经历，我就不可能写成这篇散文；可很多人虽然有这个经历，却未必能写出这样的散文。原因非止一种，但有两点是肯定的：一是这一类人的生命是处于无感状态的，很少见景生情，更难生成特殊的感情；二是即使这一类人生成了特殊的感情，可没有随后形成文字，时间一长，这些感受也就烟消云散了。我之所以能写成此文，皆因为我会触景生情。

2. 理性的光照

一篇教育通讯或报告文学作品，如果绝大多数甚至全部是对人物或事件的描写或叙述，也不失为优秀之作。不过，如果在描写与叙述的同时能有机地融入一些深层思索，在作品中不时闪烁出理性的光照，就能给作品以厚重感，以至给读者以哲学的思考与启示。

我的作品，尤其是近些年来的作品，几乎篇篇都有我的理性思考，这些思考自然地契入描写与叙述的文字之中，闪耀出了具有我的风格的理性光华。

比如，我所写的《功到自然成——孙双金老师走向成功的密码》，在叙说其何以能够走向成功的典型事例的同时，也时不时地插进一些我自己的理性思索，从而让读者感受其成功背后的哲学力量——

古希腊哲学家亚里士多德说：“哲学起源于好奇。”看来，人们是由于好奇而开始哲学思考的。而孩子，从本质意义上来说，都有其哲学的因子。他们在仰望天空的时候，会问：为什么繁星满天？看到初生的婴儿，会问：人到底是从哪里来的？看到人死的时候则会问：人死了到哪里去？其实，这些看似天真的问题，都是一些哲学的问题。从这个意义上说，教师不能不读哲学类的书。

在一般人看来，哲学是无用之学，对于小学教师更是无大用。老子却说：“有之以为利，无之以为用。”庄子则说：“人皆知有用之用，而不知无用之用。”看来，所谓的“无用”，却有其形上之大用的。

孙双金老师说自己40岁之后，读得最多的书是哲学类的书。这些书让他在思考问题甚至教学的时候，不只是停留在单纯的技术层面，而是站在哲学的高度、人生的高度来审视生命的意义，审视教育的本质到底是什么。

正是对这些书的阅读，才让孙双金老师有了充足的生命能量，有了超越一般教师的高超教学技术，以及触摸生命规律的“无用”之“道”。于是，这些看似与教学无关的东西，生成了极其神奇的功效。

所以，听孙双金老师上课，经常会发现很多意想不到的灵感火花，它尽管不是预设的，却有神来之笔的奇妙。其实，这就是智慧的呈示。

为什么有的教师备课也很用心，可是课堂就是没有灵动之气呢？我想，从表面上看，灵感是突然而至的，它却并不是随意降临的。那么，灵感为什么独独青睐孙双金这样的特级教师呢？这几年与孙双金老师接触多了，了解也多了，我发现，他的课堂艺术，以及随即生成的灵感，真乃是“冰冻三尺，非一日之寒”。他不仅系统认真地研究了教材，更阅读了大量经典文化。经典都是大师的精神产品，其中拥有丰富的智慧和无穷的力量。读得多了，他便慢慢地从大师那里汲取了生命营养，并化成了自己的智慧，进而融化在了自己的生命里。在某个教学的场景中，也许没有任何预设，却因心中有了大量的智慧储备，则可以信手拈来，给人以天衣无缝的感觉。其实，任何的奇妙之中，都内含着一种叫作“功夫”的元素。学习名家，不能只观其课堂教学上的精彩点，还要探究其“诗外功夫”在哪里。同时，智慧还需要生命的实践，也就是我们平常所说的要接地气，不能只是纸上谈兵。

成名之后，孙双金非但没有止步不前，反而更加努力了。近年来听了很多堂孙双金老师的课，也不止一次听了他的讲座。不但常听常新，而且愈发见其功底的深厚与道法自然的从容。能够步入这个境界的人，在当今中国教坛上者可以说屈指可数。

有一种大学问，叫功夫学；有一种大境界，叫生命升华境界。

孙双金老师，当是二者兼得者。

我希望通过这篇文章，让读者在了解孙双金老师走向成功的生命历程的同时，也能窥见其走向成功的内在原因；让读者在心情愉悦地感受文学性语言描述所带来的美感的同时，也能用其中哲理性的思考点燃深层思考。

在写另一个全国小学语文著名特级教师于永正的时候，我则在思考：他何以能在中国小学语文界灿烂几十年？如果只是写其课堂教学的自然与从容，不思考其课堂内在的生命含量及其本人的思想厚度与人格品位，就有可能忽略了他超越常人的本质所在。为此，我从“大道至简”“厚积薄发”“童心未泯”“温和宽厚”四个方面，来探究其人其教其文，写了一篇《本立而道生——于永正老师的仁者高格与智者风范》的长篇通讯。在“大道至简”部分，我就写了这样一段——

在七十多年的生命历程中，他不但有读万卷书获得的丰富的知识与智慧的积累，也有行万里路的艰辛与磨砺。两者的有机融合，方才升华出属于于永正老师的生命厚度与高度。

回过头来再思考于永正老师所言“简单”的时候，我们就会发现，他所说的“简单”的背后，是几十年如一日的生命积淀，是其既“知”又“行”高度和谐而又千锤百炼后升华成的一种大智慧、大境界。

突然想起苏东坡所言：“博观约取，厚积薄发。”将苏氏此言用到于永正老师身上，“岂虚言哉”？

这些文字并非故弄玄虚，有意为之，而是到了这个节点上，灵感突然迸发，不写不足以抚平我那颗思考且跳跃着的心。

在“童心未泯”部分，我写了这位白发苍苍的老者是怎样与十多岁的孩子玩到一起、学到一起的。其中有细节描写，也有语言描写，甚至会给读者所写人物如在眼前的感觉。正当写得自己都为这位老师感动不已的时候，理性的光芒突然再次闪现，于是，就有了下面一段议论——

岁月的刀在于永正老师的脸上刻下了深深的、密密的皱纹，却始终没能刻到他的心上，他的充满童趣的心永远是与孩子们维系在一起的。

世界上很多文学大师八九十岁甚至百岁高龄的时候，都是童心未泯的，也正是这种童心让他们有一种超越世俗的纯净与高洁，并了无痕迹地播撒于其作品之中，于是，便产生了动人心扉的生命能量。

于永正老师是教师中的大家，童心让他的真诚与空灵汇入孩子们的心灵深处，于是就有了课堂上一场又一场的特别快乐的儿童“话剧”。

何以能有如此巧夺天工、大象无形之妙道？

老子做了精妙的回答。他认为，“复归于婴儿”才是人生的至高境界，因为“圣人皆孩之”。

我们虽不能称于永正老师为圣人，但其始终荡漾着的童心，无疑给广大的老师以深刻的启迪：永葆童心不但会让你与学生其乐融融地“教”“学”一体，还会让你的心灵拥有一个永久的童年。

在“温和宽厚”部分里，我选取了几个教育教学片段来写于永正老师的“性温”与“宽容”。即使别人攻击谩骂他，他也总是从自身寻找被谩骂的原因，真如孔子所说的：“君子求诸己，小人求诸人。”而且，他能从内心省检自身，勇于承认错误并当面向学生道歉。本来，写完这几个事件就可以结束了，但我的大脑里突然想起了弘一法师的一句名言与《尚书》中的一句哲语，于是，便有了下面一番议论——

弘一法师说：“人之谤我也，与其能辩，不如能容；人之侮我也，与其能防，不如能化。”于永正老师既能“容”，亦能“化”。

《尚书》说得好：“有容，德乃大。”

是的，于永正老师不但是一位大智者，而且是一位大仁者。智仁双备，才能成就一位真正意义上的教育名家。因为智仁是本，“本立而道生”。

这一段议论，既是对上面所讲之事的理性升华，又会让读者进行深入思考：于永正老师之所以能成为当今小学语文界的名家，关键是关注了教育之“本”；有的人努力一生，而成绩不大，也许正是舍本逐末结下的恶果。如果再深入思考的话，就会发现，做任何事情都是如此，所以《论语》有言：“君子务本，本立而道生。”

2010 年 8 月 14 日，在北京网易演播室，我与时任教育部语言文字应用管理司司长王登峰进行了整整一天的“经典”对话。除了中午稍微休息之外，6 个多小时的时间，我们一直畅谈不已。他侃侃而谈，语言富有哲理而又能微言大义，不时激起我提问与总结的兴趣与灵感。尽管前一天晚上休息得非常不好，但我的思想并未出现太多的“短路”现象，而不少对话内容也多有理性的光华。比如下面的一段话——

人们的自律之所以差有种种原因，但疏离经典、远离经典当是一个重要原因。在中国儒家文化中有一个很重要的内容就是道德完善，道德不是审视他人并来监督他人的，而是自我的一种修为，道德完善应该是人类的一种自觉的追求，正如体育比赛一样，我们越具有体育道德，我们就越能提高运动的水平。而这些在经典中有很好的体现，比如慎独，在《中庸》里面有很好的体现。中庸是自我心性修养实践最好的体现。“是故君子戒慎乎其所不睹，恐惧乎其所不闻。莫见乎隐，莫显乎微，故君子慎其独也。”所以，君子要谨慎。谨慎什么呢？“其所不睹”，就是在别人看不到你的所作所为时要注意并戒备。“恐惧乎其所不闻”，在人们听不到你的言论的地方也一定要注意。这个世界由道、理、义在规范制约着。要想人不知，除非己莫为。“莫见乎隐，莫显乎微”，没有什么东西比隐讳的东西更容易被呈现出来被人看见，有些人将自己的缺点与不足藏起来，以为别人看不见，其实是藏不住的，反而会因为隐藏而更加显示出来。

《中庸》中的一个关键词就是“诚”。“诚”的对立面就是本能之“欲”。如果一个人的私心太多、私欲太大，就会处处为了自己的贪婪去争斗，就会为达到目的而不择手段。《中庸》告诉人们，人生要依中庸之道办事，不偏不斜，人生不要做加法而要做减法。减去扰乱自己心灵的外在的一切物质的、欲望的、权利名誉的东西，事实上我们不可能消费全部，只能从消费的部分中体会全部的真实内涵。这样才会成为一个诚实规矩、内心坦荡自由的人。《中庸》开篇论述了人的自我修养与自我反省的要点，指出有道德的君子要慎重对待自己的独处，这就是自律。在《论语》《周易》和《中庸》中都可以找到经典的论述。《周易·系辞上》就特别提到：“君子居其室，出其言善，则千里之外应之，况其迩者乎？居其室，出其言不善，则千里之外违之，况其迩者乎？”“言行，君子之所以动天地也，可不慎乎。”对中国经典文化的淡漠，对西方文化的认同，会丢掉很多有价值的东西。所以，中国文化的坚守非常重要。

类似于这样的有理性光华的话语，在那一天的对话中几乎俯拾皆是，此前我并未做什么准备，只是根据王登峰司长所谈内容，即兴给予呼应。有人问我何以能够做到不备而言、出口成章，我认为主要有两个原因。第一，坚持诵读“天书”。多年以来，我绝大多数时间读的都是“天书”，即经典著述。这跟我和他人的对话有关系吗？表面上看是风马牛不相及，其实关系大为密切。因为这些“天书”中不但闪烁着智慧的光华，而且流泻着思想的要义，它在无声无息中提升着我的思想文化品位。所以，从一些大师那里，我汲取了很多智慧。在很多对话文章中，我所引用的经典名句，几乎都是信手拈来的。我甚至感到，这些“天书”即是点燃我智慧火花的火把，没有它们，我的思维之火就会熄灭。

多读“天书”，是不是就不需要关注教育教学实践了呢？当然不是。这是一个人生命提升的两个层面，缺一不可。如果只在“道”的层面奔波，而不深入教育教学实践之中，所学之“道”就会成为空中楼阁，真的是无所用了。只有“天上”与“地下”结合之后，才能使“道”落地，才能使“地”生辉。第二，脚踏“大地”。30多年来，我每月都要去学校采访，有的时候一周可以去几个学校，并且走进课堂，听课评课，从而形成了关于教育教学感知的话语。所以，我的对话也好，即兴评课也好，不仅有一定的理论基础，而且这些理论都形成于实践这片沃土之上。

3. **感情的投入**

《文心雕龙》有言：“夫缀文者情动而辞发，观文者披文以入情。”的确如此，作者有了真情实感，才能形成流淌着感情之水的语言；而读者也才能通过这些语言，感受彼时彼地作者感情的跃动。

在采访创作的时候，经常会遇到一些让我感动的人与事，有时听着听着就禁不住泪流满面。当我写作的时候，这些感情就会抑制不住地翻卷出来，撞击着我的心扉，让我一边流泪，一边形成文字。比如，我在采访第四届全国十佳少年黄思路的妈妈王晶老师的时候，就为她谈女儿初上幼儿园时的情景而感动，也就有了如下的文字——

思路不到3岁入的幼儿园。第一天去幼儿园，她也与其他孩子一样，哭着闹着要回家找妈妈。幼儿园的老师实在拗不过，只好将思路送到家里。

妈妈没有让思路进门，尽管她知道此时女儿对妈妈是多么依恋，但她还是十分严厉地要思路返回幼儿园。思路在门口哭了很久，先是小声啜泣，后是放声大哭，凄切动人，令人不忍耳闻。妈妈在屋里听着这揪心的哭声，心里一阵阵地颤栗，孩子毕竟是妈妈的心头肉啊！但是理智又告诉她，如果这次让思路进了家门，无疑向她传递一个信息：哭闹是要挟妈妈的一种有效手段，不仅明天可以哭着从幼儿园回来，其他事情也可以用哭来达到自己的目的。于是，妈妈打开屋门，挡在门口，对思路说：“如果你是个好孩子，就勇敢地擦干眼泪，乖乖回去，放学时妈妈高高兴兴地把你接回来；如果你要当个坏孩子，就站在这里哭，不会有人来理你的！”

妈妈又关上屋门，思路长哭不止。

屋内无任何反应，可疼爱女儿的灼热情感在妈妈心中燃烧。

思路终于妥协了，她轻轻地叩门，用哭哑了的声音央求道：“妈妈送路路回幼儿园。”

妈妈打开屋门，看着满腹委屈的女儿，心中又是一阵战栗。但是，她又是十分清醒的。如果这次送思路去幼儿园，明天她还会闹着哭着返回家，由妈妈送回去。其实，还是没有从根本上解决问题。妈妈一咬牙，说：“你自己回去，妈妈去接你！”

思路又哭了一阵子，终于绝望了。她又一次叩开了屋门，抽泣着说：“妈妈早早来接路路……”说到这里，她早已泣不成声了。妈妈强忍住泪水，替她擦干眼泪，亲亲她的脸蛋：“妈妈一定第一个去接你。”

思路无奈地去了，她是面对着家门，倒退着去的。背着小书包，戴着小黄帽，眼巴巴地望着妈妈，一边抹眼泪，一边举起小右手，用早已哭哑的嗓子小声叫着：“妈妈再见！”直到再也看不见家门了，才慢慢地转身走去。

思路走后，妈妈的泪水早已流出来了。思路可是第一次离开妈妈，到一个谁也不认识的环境里去生活啊！她还会哭吗？她生妈妈的气吗？好不容易等到放学的时间，妈妈便匆匆赶到幼儿园。

思路是飞着奔到妈妈怀抱里的。她紧紧地抱住妈妈的脖子，亲了又亲，泪水与笑声混合在一起。她怕妈妈离开，她离不开妈妈的关爱。这个鲜活的小生命，与妈妈永远是最亲近的啊！

从那以后，思路再没让妈妈送她，也再没有哭着闹着要见妈妈。不长时间，她适应了幼儿园的生活，上幼儿园成了一种习惯，甚至成了一种快乐，她像小鸟一样唱着歌去，也像小鸟一样飞着回来见妈妈。

直到今天，我再读这段文字的时候，还是止不住夺眶而出的泪水。当时甚至认为王晶老师对待自己的女儿有点太“狠”了，可仔细想想，这其中包含的正是超越小爱的大爱。反之，有些家长见孩子哭闹就对他们百般依顺，乃至于百般溺爱，殊不知正是这种爱贻害了孩子，甚至影响了孩子终生。王晶老师为培养孩子的良好习惯，将大爱与难过隐藏于内心。这，更让我们为之感动，为之感叹。

鲁迅先生认为，美学意义上的悲剧，是将人生有价值的东西毁灭给人看，通过生命的毁灭，来引起读者心灵的震撼。故而，我在采写具有悲剧色彩的真人真事时，常会被震撼。2002 年 4 月，我去山东省平度市采访已逝的刘家官庄小学代光乾校长的家人及同事的时候，就一直被感动着，常常在采访时一边流泪，一边记录。回到济南，我几乎是一口气把这篇长篇通讯写完的，题目叫《其人虽已殁，千载有余情——代光乾校长与刘家官庄小学诞生史话》，在“题记”中我这样写道——

他虽然没有惊天地、泣鬼神的丰功伟绩，却演绎了与教育与百姓心魄相系的一个个真实而又动人的故事。

他只活了 47 岁，比起长命百岁的老寿星来，他缺少足够的生命长度；但他的生命亮度永远闪烁着灿烂的光彩，令人们始终有一种须仰视才见的美丽。

在这篇报道的开头，我这样写道——

平度市白埠镇现河北岸。

一座普通的坟茔，一块寻常的墓碑，厮守着安息于地下的一位年仅 47 岁的小学校长——代光乾。

2002 年 4 月 5 日，清明时节，和着细雨的低泣声，上千名教师与村民陆陆续续地赶来，悼念这位英年早逝的校长。他虽然没有惊天地、泣鬼神的丰功伟绩，却演绎了与教育与百姓心魄相系的一个个真实而又动人的故事。于是，教师与百姓也与他有了永远斩不断的情丝。所以，在这个“路上行人欲断魂”的时节，人们自愿而来，向逝者表达深深的哀思——将花圈庄严地放在他的墓前，悲声回转，聚成呜咽一片。

近日在代光乾亲友家中，以及学校里、村落间采访时，被访者依然悲痛得“无语凝噎”……

我采访的所有人，只要提到代光乾校长，几乎个个立即肃然起敬且泪水流溢而出。特别是采访他的妻子与父亲时，我的眼泪几乎没有断过。下面是我写代光乾父亲的一段文字——

代光乾为自己的人生画上一个圆满的句号之后，就悄然地在地下安息了。但他的精神，给世人以陶冶、以激励、以启迪。这正中了先哲老子之言：“死而不亡者寿。”

代光乾的母亲在他长辞人世后的第45天，便在思子心痛中告别人世。代光乾的父亲代存志，一位73岁高龄的老人，何以承受如此之重的打击？但在采访中，人们都怀着深深的敬意叙说着这位坚强老者的事迹。以他为主的“代光乾事迹报告会”已经开过五场，场场爆满，场场引起轰动。是什么力量支撑着他如此坚强地面对人生？为此，我采访了这位老人。

推开虚掩的大门，一个始料不及的场景映入记者的眼帘：老人家正在压水井旁不紧不慢地压着水。除了有节奏的压水声外，整个院落里再也听不到任何声响。幽静中弥洒着寂寞与孤独，水声里糅进去无声的叹息。

而在采访代光乾的妻子尹志美时，我更是无法抑制住悲痛的感情，我将与她告别的情景，如实地写在了这篇通讯作品中——

与尹志美握手道别的时候，她的脸上还挂着几滴眼泪。但她努力地笑着，一直把我送到大门口。我与她挥手告别，突然发现大门的上方还贴着“好人一生平安”的横幅对联，可能是代光乾在世时贴上的。我的心里猛地一酸，人人都说的好人代光乾，为什么没有平安地走完他的人生路？为什么他的妻子还在这“平安”的家里，以泪洗面地怀念着那个早逝的丈夫？

正是因为这份浓得化不开的感情，才让我的文字中一直流动着悲痛、感动与敬仰，也才有了让读者“披文以入情”的可能。从这个意义上说，一个优秀的作者必须是有情感的人——冷血动物写不出好的作品，因为最美好的感情是与他们格格不入的。

写人记事的作品需要作者感情的投入，写景也是如此。王国维在他的《人间词话》中这样说：“一切景语皆情语也。”王阳明还有这样的妙语：“你未看此花时，此花与汝同归于寂；你来看此花时，则此花颜色一时明白起来。”是的，同样一株花草，因为作者感情的不同，便在作者心理层面呈现出截然不同的形态。我有一本书叫《行旅有道》，算是我的游记。我曾就同一处美景问过同行者的感受，他们中大多数会说“真好”，但也有个别人没有什么感觉。由于感受不同，下笔成文的时候，同样的景色也就有了不同的色彩。即使说“真好”者，也多流于对浅表层感受的记述，写不出好作品，即使写出来也是没有多少味道的。我是一个乐观主义者，而且对于不同的景色多有自己不同的审美感受，所以也就有了一篇又一篇特别的散文游记的问世。

1999 年 12 月，我去新加坡与马来西亚，写了不少游记，有一篇是《青翠的棕榈》，其中有一些文字——

公路两边，是漫野的棕榈与橡胶树，遮蔽了土地，远近绵延，无边无涯。这些树木尽管没有高耸入云的树干，但那大大的叶子，繁茂葱翠，十分宜人。它不似原始森林那样高低不同，疏密不一，而是横竖成行，呈示着有序与规则。原来，棕榈均系人工种植而成，而且大都生长在一个个凸起的土丘上。因为这种植物既需要充足的水分又害怕涝灾，马来西亚高低起伏的地势与常年有雨的气候，便为其生长提供了天然的契机。它不像国内庄稼那样在一年之内生死轮回，而是可活 30 来年。这里的人们无须一年一度地忙于种植与收割，只是按季收获。棕榈的果实可以榨油，并成为以伊斯兰教为主体的马来西亚人的主食油料，其榨油的产量与出口量，与橡胶等一样，在世界稳居第一。沿途旷远的土地上，很少见到房舍，更鲜见人群居住的村庄。

9 点多钟，原本阳光灿烂的天空突然飘来几片云彩，顷刻间，雷鸣电闪，暴雨如注。公路两边的棕榈，与茫茫无边的大雨做着顽强的抗争。公路上已有积水流泻，棕榈的每一片叶子上，都因雨水的冲刷更见生命的绿色。十几分钟过后，乌云无声地隐退，阳光又从云隙间洒落到株株青翠的棕榈上。滞留在绿叶上的颗颗晶莹的水珠，则将片片棕榈装扮得风光无限。

这时候，汽车内没了声响，每一个人都将窗子打开，去观照棕榈雨后的生命状态。司机似乎读懂了我们的心思，将车停放在一个不大的停车场上。于是，人们便不约而同地奔向近处的棕榈林。

棕榈的叶子很似芭蕉，叶柄有细细的小刺，因了雨水，变得比较柔软，用手触摸，有一种柔嫩的感觉，痒痒的，十分舒服。一阵风起，颗颗晶亮的水珠便害羞似的滑落到地上，并顿时融入大地母亲的怀抱。

据导游说，棕榈开花时，从叶间钻出内穗，黄花点点，十分美丽。可惜此时不是开花季节，空留诱惑在我们心中盘旋。但这骤雨，这绿色，这轻轻的触摸，已令我们感到美在其间、妙在其中了。

这是去当地的当天晚上写的，可过了一两天再问同行者对棕榈的印象时，他们多是模模糊糊地说上几句不痛不痒的话，甚至有的连棕榈长什么样子都忘了。这固然与他们没有随即写成游记有关，同时，也与在观看这些棕榈的时候没有动“情”有关。其实，世上万事万物，都是有生命的。作为有生命的人，在观照其他生命的时候，如果没有感情的投入，就很难在心理上产生感情的共鸣，由此写出来的文章也就少了感情。读者可以从上面我所写的文字中感受到我不仅细细观察了棕榈，而且与它有了感情上的“互动”，所以文章中，那些棕榈也就有了生命。

写作，不只是要有文字功夫，还要有真情实感。做任何事都一样，你不投入感情，对方对你也会没有感情。

五、“诗外”功夫

诗人陆游对儿子说：“汝果欲学诗，功夫在诗外。”写诗如此，写文也一样。如果只关注写作的方法、技巧等，不在“诗外”下一番大功夫，是不可能写好文章的。

那么，什么是写好文章的“诗外”功夫呢？

1. **止于至善**

真正的大师之所以能够抵达至高的境界，其中必有一个条件，那就是做人一定要做到极致。前段时间读《爱因斯坦晚年文集》时很是感慨，其中有一句话是这样说的：“无论是教堂还是学校，在他们行使其真正的功能的限度内——都是为了使人变得崇高。”在他看来，学习知识重要，学习科学也重要，可是，学习的终极目的并不是这些，而是让人变得崇高。孔子的教学总纲只有 12 个字：“志于道，据于德，依于仁，游于艺。”12 个字中前 9 个字都是直接谈修身做人的，最后 3 个字也不是与修身做人毫无关系的。《大学》开篇则说：“大学之道，在明明德，在亲民，在止于至善。”也是谈做人之道的。

所以，古人不但主张立言、立功，还主张立德。言为心声，没有心之德，就不可能有美之言。如果思想人格不好，写作的时候即使百般掩盖，其不良的思想也必然会在作品中显现出来。相反，如果人有高尚的品格，在写作的时候，也会在不经意间将其高格流淌于文字之中。所以，不朽之作中，不但摇曳着智慧的光华，也多流泻着思想的要义。如此看来，真想写出经典作品来，首先就要做好人。有了“止于至善”之德，再有一定的生活实践与文学造诣，好的作品也自然就写出来了。

孔子谈“好学”的时候，好多不是谈学知识，而是谈学做人，孔子说：“君子食无求饱，居无求安，敏于事而慎于言，就有道而正焉，可谓好学也已。”意思是说，君子吃饭不要求太好太饱，居住的不一定太安逸，勤勉做事，谨慎说话，向有道的人看齐，来匡正自己，这就是好学。

看来，孔子所认为的好学，完全是从人格之好上来谈的。

大哲学家康德说，世上有两样东西最使他敬畏，那就是头上的星空和心中的道德。头上的星空是宇宙论问题，心中的道德则是人类学问题；头上的星空是外在的必然，心中的道德则是内在的良知。可以说，“教育的唯一工作与全部工作可以总结在这一概念之中——道德”。这种道德律是人与人、人与社会、人与自然和谐共生的规则。谁违背了这种道德律，破坏了这种均衡，谁将得到惩罚。如果没有了同情心，人类将自设壁垒，变得自私自利；没有了理解，人类会思想狭隘，自残自戕。那么，我们的社会将是什么样子？同样的工作时间，为什么有的教师工作效率高，有的教师工作效率低呢？因为有人教一节课要足足备课三个小时，这跟一节课备课一个小时是大不一样的。你全心爱孩子和根本不爱孩子，也是大不一样的。所以有人说，教师这个职业是一个讲良知的职业。

我认为，一名优秀的教师应当做到内省不疚。比如，上了一天课回到家里，将近睡觉的时候，自我追问一番：我今天的工作对得起我的学生吗？对得起我们学校吗？对得起自己的良知吗？当答案是肯定的时候，你就能做到内省无疚了。

在采访齐鲁名师史建筑的时候，他曾对我说过这样一段话——

面对可爱的孩子们，我们没有理由不幸福。但是，面对深陷“应试教育”泥潭的中国基础教育，我的内心又充满忧虑。上周，我刚刚写了一篇教育随笔，以比较犀利的笔触抒发内心的愤懑：“充满了功利的教育是畸形的教育，忽视了信仰的教育是贫瘠的教育，剥离了情感的教育是苍白的教育，缺失了道德的教育是可怕的教育。救救孩子！”

其实，鲁迅先生早就有了“救救孩子”的呐喊，现在更加需要我们呐喊。令人欣喜的是，一些人已经开始觉醒了。可是，就像推翻一个旧世界一样，颠覆“应试教育”依然是“路漫漫其修远兮”，不过，正是因为远且难，才需要更多有良知的教育工作者共同努力。

当年，吉林松原高考舞弊案一出，史建筑义愤填膺，当即写下杂文一篇《“教师舞弊”之痛》，并在班上朗声宣读。全体学生产生了强烈共鸣。

2014年1月，中华书局出版了我与王崧舟老师合著的《语文的文化品格》一书，且在社会上引起了很大的反响。其实，这是当时我们在没有文稿的情况下，面对面“说”出来的一本书，只不过在“说”后又稍加整理而已。其中，王崧舟老师说到他任校长的学校里的班主任金蓓雷与学生沈琦的事，让我感动莫名。我们不妨看看王崧舟老师是如何“说”的——

几年前，我校五年级（4）班有个学生叫沈琦。这个孩子由于小时候用药不慎，聋了。孩子的父母是在路边摆摊的，生活拮据，除了挣点钱给他装了个耳蜗，其他就基本不管了。

五年级的时候，金蓓蕾老师开始担任这个班的班主任。她很快就发现了这个孩子的特殊情况：第一，成绩全班倒数第一；第二，玩悠悠球全班第一；第三，爱耍酷，没人理他；第四，爱劳动，没处使劲儿；第五，心地特别善良，却总给人以坏坏的感觉。

金老师看在眼里，疼在心里。但是，接班一个多月，没看她对这个孩子的教育有什么动静。说没有动静其实也不对，因为她悄悄地做了一件事——拍照。给谁拍照？当然是给沈琦。拍什么？拍这个孩子在学校的表现。怎么拍？偷拍。一个多月下来，她偷拍了 100 多张照片。

之后，金老师在自己的班里上了一堂特殊的作文课，题目就叫《我们家沈琦》。当那些偷拍的照片一一呈现在全班同学以及部分家长的眼前时，孩子们震撼了，家长们震撼了，连沈琦自己也被深深地震撼了！金老师当着全班同学和家长的面，朗读了自己写沈琦的作文。课堂安静极了，不知什么时候，有低低的哭声传来，大家循声看去，低头哭泣的正是沈琦本人。

那堂作文课，每个孩子都写了沈琦，连沈琦也写了沈琦。接着，这些写沈琦的作文被金老师印刷成册，在全班发行。

有一天，沈琦拿着装订成册的作文集《我们家沈琦》来校长室找我。我当着沈琦的面一页一页地看完，非常感动，我告诉沈琦，这是校长看过的最好的作文集。我说，校长送你四个字吧。我就在作文集的扉页上写了“止于至善”！

很快，沈琦就成了我们学校的明星。他开始能安静地看书了，开始主动向老师提问了，开始有自己的朋友了，不是一个，而是一帮。当然，他玩悠悠球照样还是全班第一。

一晃几个年头过去了。今年，这个班的孩子都上了高一。教师节那天，沈琦第一次和几个同学上家里看望金老师。原来调皮捣蛋的沈琦，显得特别沉稳，像个小大人。

他跟金老师聊天，口齿依然不清楚，平静的语调中带了一点沧桑。他说，读初中的时候，语文老师特别厉害，他经常被罚抄写，有时候要抄到第二天凌晨，班里只有他每次都认真完成，有时候他还帮着别人抄。

现在，他上了一所职业学校。他说，同学们上课不认真、玩手机、搞偷拍、吸烟、喝酒，他不愿意这样做。所以他每晚都回家住，早上五点半起床，洗漱、吃饭，坐六点的第一班公交车去学校，路上得花两个小时。他说，学校不大管学生迟到早退的事儿，但是自己从不迟到。

最让沈琦难受的，是那里的老师。他们都上完课就走，遇到不懂的问题想请教，都没人理。他说，他很想换一所学校。他说，他一定要努力学习，掌握一项本领，自己养活自己。

当金老师把沈琦的这些情况告诉我的时候，我心里特别难受，同时又特别欣慰。沈琦的事，让我想起了台湾作家张晓风的文章——《我交给你们一个孩子》，文章中有一个沉重而意味深长的发问："今天早晨，我交给你一个欢欣诚实又颖悟的小男孩，多年以后，你将还我一个怎样的青年?"

我觉得，沈琦是不幸的，毕竟他是一个聋儿。但我又觉得，沈琦是幸运的，因为他在小学阶段遇到了金老师。他后来能在职业学校坚持那样做，这个精神底子是金老师帮他打下的。这是一个非常善良的孩子，他遇到了一个非常善良的老师，非常有爱心的老师，当然也是非常有智慧的老师。

我总觉得，教育在本质上是要普及爱和善良，让我们的孩子变得更好，并因此让未来的社会变得更好。

这是我的价值观，也正在为越来越多的教师所认同、所践行。

我曾看着我们对话的视频与上面的文字进行对照。让我感叹不已的是，它们几乎没有差别。没有高超的语文功夫，是不可能说如此完美的话的。

全国的小学语文老师几乎没有不知道王崧舟老师的，而且大多数人对他有一种高山仰止的崇敬感，因为王崧舟老师在小学语文教学上的造诣已经达到了炉火纯青的境界：诗一样的课堂语言，丰富的教学内容，自然而然地将学生引领到具有文化品格的语文殿堂里。

在这些辉煌的背后有一种力量的支撑，那就是他的人格品行。王崧舟老师认为，谈文化，不能不谈精神文化；谈精神文化，不能不谈价值观；谈价值观，不能不谈校长的价值取向。古人说，“上行下效”。又说，“上梁不正下梁歪”。可见，校长的价值观对学校的文化建设起着十分重要的作用。苏霍姆林斯基说过，学校的领导首先是教育思想的领导。我觉得解读这句话可以抓住三个要点：第一，“教育思想”的核心是什么？是价值观。第二，为什么是“首先”？首先就是第一位，排第一位的是价值观，排第二位的才是策略、路径和方法。策略、路径和方法是为实现价值观服务的，如果价值观出了问题，那么，策略、路径和方法就会跟着出问题。第三，怎么“领导”？把价值观的确立、认同、转化排在工作的第一位。我们说“以文化之”，“文”的核心和灵魂就是“价值观”；“化”的重点和关键也是“价值观”。

其实，所有的写作都有一个价值取向问题，只不过有的明显，有的隐晦罢了。古人之所以说“文如其人”，也是从价值取向来说的。一个心术不正、道德败坏的人，想写出一篇很有人格品位的文章，是极其困难的。相反，人格高尚的人，即使是在不经意间，写出来的文章也会有极优良的精神品质。从这个意义上说，“止于至善”尽管不可能提升你的写作技巧，却有可能提升你的写作之“道”。

2. 心灵安顿

心灵浮躁者既不可能好好地读书，也不可能写出好的作品来。所以，写作的时候一定要有一颗安定的心——不管外面多么喧嚣，多么有诱惑力，作为写作者，都要将心灵安顿下来，否则，心乱文亦乱矣。

好多人问我：“陶老师，你写了这么多文章，都是什么时候写的啊？”我在山东教育社当总编辑，那么忙，可是我不但要读书，每个月还要发表一到两万字甚至更多字的文章。现在写得更多。那么，在什么地方写，在什么时候写呢？更多是在办公室里写的。乱不乱？在一般人看来，当然是乱的。办公室人来人往，还有电话声此起彼伏。可是，我的心一点儿也不乱，一点儿也不急。人来了，接待；电话响了，接听。人走了，电话讲完了，便继续写作。有一些文章，特别是游记散文，是在宾馆里、火车上、飞机上、轮船上写成的。在一般人看来，那里不是写作场所——其意念之中有一个思维定式，人声纷乱的地方，是不适宜于写作的。可是，我不这样想，心定了，外界的声音几乎就听不到了，即使听到了心里依然是安定的。所以，外界的干扰一点儿也没有影响我的写作。屈指算来，我现在发表的作品已经有 700 多万字，著作也有 40 多部。如果有人了解一下我的工作现状，就会感到不可思议了。因为我每月至少要出差半个多月：听课、评课、讲课、采访、开会等；只有不到半个月的时间能待在办公室里。但由于心灵自由，我就写出了这么多的作品。我等小辈，尚能收获这些小的果实，大师呢？当然是能大获丰收了。无论如何，如果没有一个宁静以致远的心境，是绝对不可能不断地摘食巨大的丰收之果的。

所以，要想写好作品，多出作品，就要在工作之余、休息之时驶进宁静的心灵港湾，不论外界繁乱纷争，功利之心淡去，浮躁之气远遁，将自己融入宇宙自然和人文风景的洒脱与飘逸、从容与愉悦中，享受写作的审美快感。

我非常欣赏陈寅恪。他是清华国学院四大导师之一、20 世纪中国顶尖的学者之一，被学界誉为“教授的教授”。他曾留学日、德、法、瑞、美等国，通晓十几门外语。

成此大器，陈寅恪却并无什么硕士与博士学位。他的侄儿陈封雄有一回问陈寅恪：“您在国外留学十几年，为什么没有得个博士学位?”陈寅恪回答说：“考博士并不难，但两三年内被一专题束缚住，就没时间学其他知识了。只要能学到知识，有无学位并不重要。”

陈寅恪之所以能够取得如此超越常人想象的成就，与其“发愤忘食，乐而忘忧”的学习态度有关，也与其有一颗宁静致远的心有关。老子说：“轻则失根，躁则失君。”当心灵浮躁的时候，人就会失去根本，当然也不可能拥有大的成就了。所以，读陈寅恪的作品，你不但会为其博大精深的学识所感叹，也会为从中寻到了那颗始终淡泊名利的心而感动。

教育改革家魏书生在当校长的时候，没有专门的办公室，只在学生上课的教室后面放了一张和学生一样的桌子当办公桌。在一般人看来，这样的境遇绝对无法静下心来写作，可魏书生的很多作品就是在那张桌子上写成的。他认为，只要守住心灵的宁静，以静制动，以不变应万变，以我心应万物，就可以进入禅定的状态。不管外面如何喧嚣，都无法搅乱他心灵的宁静。他在任何时候、任何地方都能一心一意地种好自己的心田。一个人种好心田之后，就会有定心，就会有慧根，就会有一双看清世事万物的法眼，就会有与道相宜的真正有用的方法。心田种好了，其他问题都会迎刃而解。这就是魏书生高人一筹之处，这就是“道”之在场的特殊能量。

2016 年 12 月 19 日，我在大连大学初等师范学院为大连市部分农村骨干校长做“现代校长的文化修炼”和“高效教学的道与术”的报告。因第二天 9 点 10 分就要从大连机场乘坐飞机返回济南，为了不耽误乘机时间，当天晚上我住在了机场附近的酒店里。20 日赶到机场后被告知，因济南机场雾霾严重，飞机无法起飞，原定航班取消，只能改签。整个上午，我就在候机大厅里全心全意地撰写吴功明校长的《素质至上——山东省昌乐外国语学校文化建设解码》一书的书评。没想到航班再次取消，只好再改签次日下午返回济南的班机。于是，我从容地回到酒店，继续撰写未完的书评。傍晚，一篇 7500 多字的书评写成。该书评于 2017 年 1 月 7 日以一个整版的版面在《中国教育报》第 4 版上发表。12 月 21 日上午，我在酒店的房间里完成了闫兴刚校长《且行且思》一书的序言。

当时，因很多地方的雾霾都非常严重，绝大多数飞机无法起飞，有些等待的乘客急躁地与机场有关人员争吵起来。他们乘机心切可以理解，可由于天气原因而使飞机无法起飞是事实，即使争吵生气，也无济于事。何不在这个时候，做一些应该做且有意义的事情呢？

在那一天半多的时间里，我的心情一直很放松，写作的效率与质量也比较高，很有成就感。其实，不管在什么地方，只要将心安顿下来，就可以很好地写作。很多时候，你写作时要解决的不是外面能否安静，而是自己的心灵能否安静的问题。

3. 上“天”入“地”

什么是上“天”呢？就是读世界大师留下来的精神文本，即读经典。因为这些文本中，内蕴着丰富的思想内涵，有着千古不衰的意义；同时，不同经典的语言尽管各有不同的风格，可是都有其美轮美奂之妙。读得多了，就会拥有厚重的思想，就会形成自己优质的语文系统。于是，在写作的时候，其文中也就有了一定的生命张力，也有了属于自己的语言风格。大凡真正意义上的作家，几乎没有一个不是从“天书”中汲取生命精华的。如先秦时期，中国的书并不如现在多，但如《诗经》《尚书》《礼经》《乐经》《周易》《春秋》这些“天书”，从内容到形式都极好，只要读就一定大有收获，那才是真正意义上的开卷有益啊！所以，就有了诸如孔子、孟子、老子、庄子、荀子、韩非子、屈原等大思想家与文学家。这种壮观的文化现象告诉我们一个道理：“天书”中有思想、有智慧、有文采，从中取其要义，则可以生成一种巨大的生命能量。现在书的数量是多了，甚至一天出的书能让我们一辈子都读不完，可是这些书的质量有高有低、有优有劣，稍不小心就有可能读了没有多少品位的书，甚至读了品质低劣的书。所以，有的时候，开卷不但不能有益反而会有害。由此看来，“天书”才是我们生命的滋养品啊！

那么，什么是入“地”呢？就是要有丰富的生命实践，要接地气。大家想想，现在一些高等学府中的文学博士、博导等也读了不少经典，可是作品写得并不太多，也并不太好，能流传千古者“几希矣”。究其原因，就是只在“天”上，没有入“地”。

孔子为什么成了世界上公认的大思想家与大教育家？除了研读“天书”之外，与他一直在“地”上行走分不开。他的生命实践一直没有离开脚下的大地，特别是在周游列国十四年期间，他几经磨难，甚至几次遭遇生命之忧。同时，他的教学不是谈玄论道，而是直指现实与生活。他与弟子的对话几乎无一例外地接着地气。所以，有的研究者认为，孔子不是思辨哲学家，而是实践哲学家。这是有一定道理的。也正是因为终生立足于实践，孔子才有了承载万物的厚重，才有了生命的思考，才有了以与弟子对话为主体的《论语》，才有了“其言也约而达”的教育景观。

既上“天”，又入“地”，尽管当下未必就能成为真正的作家，可是只要天天如此，月月如此，年年如此，到了一定的程度，你就一定会写出有影响力的作品来。

在上“天”入“地”的过程中，教师们千万不要着急。孔子说：“无欲速，无见小利；欲速则不达，见小利则大事不成。”事业就像果实，该成熟的时候自然会成熟。你去催化它加快它成熟，代价就是这个果子不好吃，而且吃多了身体还会出现问题。所以我建议教师们要先打好基础，凡事顺其自然。

可以说每位年轻教师都希望成为名师，但是我劝大家要懂得大器晚成、厚积薄发的道理。你有一个很大的资本——年轻，这个年轻的资本是年老的人永远没有办法夺去的。但是正是因为年轻，你也有一个极大的缺点：文化积淀不够。所以我就提出了一个“蹲苗说”。

什么是“蹲苗”？我曾经当了十年的农民，当时周边几个村里没有比我种玉米种得好的。我怎么超过其他农民的？因为我发现了一个问题：有了充足的水分和养料之后，玉米苗会长得非常快，但是一有大风它就会被吹倒，即使没有大风玉米棒子结得也比较小。原因何在呢？我就开始研究。结果发现，是它的根扎得太浅。我就锄地，把表层的根给它锄掉，实在不行我就移苗，迫使它在长得最茂盛的时候，别长那么快。最后，我的玉米比其他人种的矮了很多，但是玉米秆则粗不少，很大的风都无奈它何。让人欣喜的是，我的玉米棒子比其他人的大了不少。有些农民就专门到我这里取经，不少农民也跟着给玉米“蹲苗”，都取得了丰收。

年轻教师也要学会“蹲苗”，把根往深里扎，扎得越深，积淀就越厚，若干年之后，就会厚积薄发，不想出名都不可能。

如果你急于成功，急于成名，即使一时小有名气，也有可能因文化积淀不厚而只能成为昙花一现的人物。所以，一定要沉住气，达到外界的喧嚣不能动你心、外面的纷乱不能动你意、暂时的成功不能弱你志。要相信“厚德载物”，相信厚积薄发，相信大器晚成。这样，你就会将所有的成功视作过去，将奋斗目标视作未来。未来永远是未来，未来永远需要去追求。于是，成功就会一个又一个地到来，幸福也会如影随形。

4. **生命磨难**

文王被拘禁时推演了《周易》，孔子在穷困的境遇中编写了《春秋》，屈原被流放后创作了《离骚》，左丘明失明后写出了《国语》，吕不韦被贬放到蜀地后编成《吕氏春秋》流传于世，韩非被囚禁在秦国时写下了《说难》《孤愤》，《诗经》三百篇也大多是圣贤们为抒发郁愤而写出来的。

司马迁同样是经历了常人难以想象的苦难，才完成了被鲁迅称为“史家之绝唱，无韵之《离骚》”的《史记》。

看来，这一笔笔由生命磨难积累起来的精神财富，是从书本上学不来的。从某种程度来说，经历磨难较多的人，比较容易成为令世界瞩目的人物。因为一个人的经历会成为他生命的一部分，成为他写作的生命和源泉。

陀思妥耶夫斯基当是一个有力的例证。他因参加革命活动被沙皇政府逮捕并流放到了西伯利亚。十年苦役，他所受的磨难之多之大，是常人难以想象的。也正因如此，才有了《穷人》《被侮辱和被损害的》《罪与罚》《白痴》《群魔》《卡拉马佐夫兄弟》等作品的横空出世。

俄国伟大的批判现实主义作家、文学家、思想家列夫·托尔斯泰从报上看到陀思妥耶夫斯基去世的消息后，感慨不已，痛哭了一场，并认为自己生命的一根支柱就这么倒下了。

一个人的死，能让列夫·托尔斯泰如此悲痛，可谓“几希矣”。因为陀思妥耶夫斯基对人类肉体与精神痛苦的震撼人心的描写是其他作家难以企及的，有种超越世俗的巨大力量。如果没有如此的苦难经历，就不可能有这样一位伟大作家的诞生。从这个意义上说，苦难也是一笔巨大的精神财富。

不过，在你遭遇苦难的时候，绝对不能以死逃避，不能结束生命。只有在苦难的拷问下，顽强地生存下来，才能将这些苦难变成一笔伟大的精神财富。

所以，一个人遭遇苦难时，不要灰心丧气，不要觉得世界一片阴暗，而要勇于正视现实，并将生命的磨砺当作人生的宝贵财富。同时，要尽可能地超脱困境，从自己的经历中跳出来，站在一个比较高的视点上看这些经历，并将其作为催促自己成长的一次机遇。这样，你就会发现，这些在一般人看来几乎难以忍受的苦难，竟然成了一份多少钱也买不来的精神馈赠。有时想想，上天永远是公平的，当上天让你经受巨大的磨难之后，往往还会送给你一份特殊的惊喜。

我当过十年的农民，恢复高考时考了很高的分数，比北京大学的录取分数线还高，但因为种种原因非但与北京大学无缘，就连一般的本科院校都没有录取我，最后还是在我的努力下才在补招中上了济宁师范专科学校。我非但没有抱怨，反而愉快地接受了这个现实，并由此开始了新的人生征程。

由于出身卑微，承受过太多苦难，所以之后不管取得了多么骄人的成绩，不管遇到了多么热烈的称颂，我的心底都有一种声音在徘徊——我当过农民，甚至一度连当一般农民的权利都被剥夺过。所以，我永远不会得意忘形，甚至取得的成绩越大越是严格要求自己。在一般人看来，我大概有点谦卑，但是我知道我本该如此。因为我血液里流淌的是一个“吾少也贱”的情结。我愿意以内心的谦卑来对待每一个面对我的人。在我的心里，人无高下，“三人行，必有我师焉”。

正因如此，我写作的时候，这些思想也自觉不自觉地在文中流淌，作品之中也就有了这种内在的能量。如果没有这种经历呢？如果一路顺利，上了北京大学或其他名牌大学呢？我永远不会有现在这种内在的力量，也不可能取得现在这些成绩。有时想想，写作真是很奇妙，苦难经历原本就是它的同胞兄弟姐妹啊！

如果没有这些经历，就肯定不会有现在的我。因此，我请老师们注意，不要仅仅把自己的生命磨难当作社会、学校、家庭对你的不公，从另一个视角来看它，事情就变了，这是一种神奇的生命规则。

5. 和谐天地

《周易》上有一句话说得很好："与天地相似，故不违。"所以，我们的日常起居一定要与天地和谐，与天地一致。白天是明亮的，就是要工作、学习或活动；晚上是黑暗的，就需要休息。有的人习惯晚上写作，觉得白天在单位琐事太多，即使没有什么事也很难静下心来写作。久而久之，就形成了晚上写作的习惯。如果长期熬夜，身体就会出问题。有的教师非常勤奋，也喜欢写作，由于平时工作太忙，只好晚上加班写作，时间长了，就出现了腰椎病、颈椎病，甚至更严重的其他疾病。所以，我经常劝告教师们，一定不要睡得太晚，最好早起早睡，并且形成习惯。这样，也许夜间加班写作的时间少了，可是身体健康了，从一生来考虑的话，总体写作的时间并不少，此外还会因为身体好而精神好、心情好，写作的质量自然会更高一些。教师想着"立言"于世当然是值得称道的，可如何才能在身体健康的情况下更多、更好地"立言"，则是一门值得研究的学问。

几十年来，我的写作都是在白天进行的。即使再紧要的文章，也绝对不在晚上写。连续写作两三个小时后，我一定会休息或活动一会儿，时间未必长，可有了这个环节，不管写作的质量还是精神状态，都会非常好。一张一弛，不但是文武之道，也是天地之道。

天地无言，却有永在之"大德"。所以，我们的古人很有智慧，在很多方面，他们都力图与天地保持和谐一致。现代社会，人们的生活与工作节奏加快，晚上睡眠时间日趋减少，这是与天地规则相悖而行的。尽管现代医疗水平不断在提高，可人们的健康状态却一直呈下降趋势。为了更好地生活与工作，也为了更好地写作，就要与天地和谐，从而提升生命的质量。

报告回响

以文化人　以人化文

钟惠河

一位儒家精神的践行者，一位人文教育的布道者，一位抒写中国教育精神谱系的行者……

对于陶继新老师，很难单纯用一句话来形容他。他有着强大的气场和满满的正能量，他的见解总是那么深邃和与众不同，认识他的人，总是为他豁达的笑容和纯粹的真诚所感动。他曾做过“读书与教师生命成长”的讲座，把“读书”与“生命成长”连在了一起。这次，陶老师讲的是“写作之‘道’”，可以说是上次报告的延伸与升华。他主张以“术”思“道”、以“质”求“道”，练好写文章的“诗外”功夫，亲近经典，修“至善”之德，珍惜生活历练，赋予文字以生命的意蕴。

听了陶老师的报告，特别是他所谈的“诗外”功夫，在不经意间竟触动我心中潜藏已久的关于阅读经典与写作的一些思考。我一直认为，读书与写作是相辅相成的，唯有广泛阅读经典、感悟生命，才能不断提升自身修养，这是读书之“道”，也是提高写作水平的根本之“道”。

一、取法乎上，方能开卷有益

陶老师说，大凡真正意义上的作家，几乎没有一个不是从经典中汲取写作精华的。作为老师，读书也成了我们生活的一部分：广泛涉猎历史、文化、社会、科技等各方面的书，不断丰富自己的知识；深入钻研与学科有关的知识，提高专业水平；掌握教育学、心理学知识，提高教育教学技能；读文化经典，不断提升自身的文化品位。

陶老师对经典阅读情有独钟，他认为“天书”（经典）中有思想、有智慧、有文采，取其要义，则可以生成一种巨大的生命能量。如果读书没能使自己的心灵得到净化、境界得到升华，不能改变自己的行为，那就不是真正的读书。因为经受时间考验的经典都是作者生命与智慧的结晶，那些文字是有灵性的，你沉入其中，透过文字是可以与作者的心灵相融通的，读书其实就是读者与作者的生命对话。我们只有从内心深处把阅读上升到安顿心灵、提升境界的高度，把厚重的文化内化到自己心里，才能获得一种强大的精神力量，当这种精神力量再外化为思想与行为，你也就成为被文化所化之人了。读书就是这样一个“明心见性”、寻求生命意义的过程，这才是读书的核心价值。

如何读书？简而言之，就是必须“取法乎上”，读有价值的书，才能受到良好的熏陶、提高生命质量、增长生命智慧，这是提高写作水平的内在支撑。

二、修身立品，实现文化升值

《论语》开篇就讲“学而时习之，不亦说乎”，意思是说，学习而经常实践，不是很愉快吗？李泽厚先生认为这里的“学”是“学做人”，是指向道德修为的。有人问孔子，其弟子中谁最好学，孔子回答说是颜回，因为他“不迁怒，不贰过”，这说明了孔子是把德行的修养放在第一位的。

陶老师说，要写出经典作品，首先就要做好人。有了“止于至善”之德，再有一定的生活实践与文学造诣，自然就能写出好的作品来了。这是陶老师身体力行的生命感悟。

从某种意义上说，阅读其实是一种修行，是一种境界提升和心灵升华的过程。读书不但要“知”、要“悟”，更要“行”，知到深处便是行。坚持在文化经典中“修行”，便是把经典文化的“至善之德”渗透到自己的精神世界，不断提高自身修养，不断实现自身的文化升值。读高层次的书，对你的思维方式和行为方式都会产生影响，甚至连你的语言都会不知不觉地产生变化。只有坚持不懈地读书、学习与修行，才能提升文化层次、开阔视野，才能从更高的位置来观照人与事，才能透过现象洞察天地万物运行之道。陶老师每年采访那么多位校长和老师，总能写出他们与众不同的特点，而且能体现出他们的各有千秋，能在看似平常的外在现象中发现不同寻常的意义。陶老师总是说，是长期的诵读经典给了他智慧的眼睛。陶老师还说，采访学校和老师也是一种学习，这不正是对"三人行，必有我师焉"的自觉实践吗？

王阳明说"圣人之道，吾性自足"，通俗地讲就是每个人自身都具有成为圣人的潜质，成圣之道不必外求，而在内心。只是大多数时候，人们的这种潜质被暂时蒙蔽了。如果我们能浸润于经典文化，不断擦亮蒙尘的内心，这种潜质就会慢慢地显现出来。因此，读高层次的书，沐浴于优秀文化的光照下，从而不断地提升自身修养，再化其为思想与行动，加之丰富的实践，写作就会成为一种自然的生命言说形式。

三、感恩生活，汲取源头活水

陶老师认为，生命磨难是一笔难得的精神财富，也是写作的源泉。像孔子、司马迁、陀思妥耶夫斯基等古今中外的大师，因有了历经生活磨难的彻悟，才有了闪烁着人性光辉的作品。

所以，我们要感恩生活，欣然接受生活所给予的一切，不管是成功还是失败，不管是得到还是失去，不管是欢喜还是悲伤，所有的经历都将化成你生命的一部分，也会融进你的思想和文字中，并留下你的生命足迹，你的生命也将因文字的灵动而成为诗意的存在。从这个意义上讲，写作就是重新审视自己的生活，就是对自己心灵的观照，同时也是对自己的重新发现。

我们听很多名师名家做报告，他们侃侃而谈，发人深思，我们都非常惊讶、佩服。其实，这对于他们来说只是一种自然的言说，因为他们是用心、用情、用生命在耕耘的，他们讲述的是他们的生命故事、生命历程，是血脉的自然流淌。陶老师说，真诚是文章美学的第一要义。他和全国著名的专家和名师名校长率性而谈、无拘无束，即使整理成文也是不事雕琢、浑然天成，其中存其本真、妙语连珠，能让人如临其境、如闻其声。闻于此，如见论道古风宛在眼前。

一切都来源于生活，我们要敬畏生活，感恩生活。

然而，很多人怕写作，这主要是因为其缺少写作的源头活水。究其原因，内容的贫乏源于缺少生活的感悟，文字的苍白源于内心的荒芜。生活一刻也没有停止过，如果我们能从电子产品的奴役中解放出来，把眼光移向自己的内心，让本我常驻于自己的内心，去体验生活的每一刻，写作时文思就会汩汩而出，写作就成为一种幸福和美好的事了。

我常常想，意出于心，文如其人，写作就是言说，言说是人的思想与情感的外化，文字是人格的映照，人品就是文品。换言之，当一个人能自如表达的时候，最后决定他文章品位高低的是其思想的内核，是其人格。

文以化人，人以化文。文与人，是互为表里的。

报告回响

丰盈心灵　润泽生命

黄曙峰

暑期参加了教师职业素养提升培训，听了陶继新老师“写作之‘道’”的报告，受益匪浅。陶老师既是知名记者，又是教育专家，更是快乐的教育行者。他的报告用富有生命感召力的故事，以及他的理性观照与感情流泻，引起了听众的共鸣，同时也引起了我对教师读书与写作的思考。

陶老师说，要多读古今中外的文化经典，提高自身的修养，才能真正提高写作水平。我想，读书可以丰盈人的心灵，开阔人的视野，启迪人的智慧。要让学校无处不透着文化气息，教师首先要有书香味；想让书香润泽校园，就要用阅读提升思想。教师应当读好三类书：一是温润生命、丰盈精神底蕴的书。这类书系古今中外大师的作品，是教师涂抹精神底色必备的精神产品。二是开阔教育视野、引领专业成长的书。这类书是与教师教育专业发展有着生命联系的、有一定教育品位的书。三是适合儿童阅读的书。教师通过阅读这类书，可以更加接近儿童的思维情趣、阅读兴趣，从而使课堂始终充满儿童情趣。

读书还需要交流，以图通过精神碰撞，实现资源共享。如在教师读书论坛上，教师们可以集聚在一起，畅谈读书体会，分享精神盛筵。这既是一种读书成果的展示，也是对每一位教师努力读书的鼓舞与鞭策。甚至有人说，每一次交流都会掀起一个小小的读书高潮，每一次相会都会让教师多一点文化气息。

陶老师在他的报告中谈到写作要讲究道法自然，人心要和天道相辅相成。教师的教育写作是教育生活不可或缺的一部分。教育写作的最大好处是能让更多的教师分享成功，让更多的教师少走弯路。

教师读书是一种精神充电，写作就是对生命的一种夯实！如何写作？首先，要有一颗敏感的心。每天清晨，自我们走进学校的那一刻起，教育故事无处不在，我们需要用一颗敏感的心去感受。其次，要有一支流动的笔。在校园生活中，我们常常会有稍纵即逝的感觉，听了一个讲座，或者因为某一句话或某一个观点引发了思考，就应该马上记录下来。听课时的一个教学片段，批改作业时的一个令人捧腹的回答，都是极好的写作素材。一有所得，及时写下，有话则长，无话则短，以写促思，以思促教。最后，要有一种坚韧的品质。教育写作，贵在坚持。经常写写，或案例，或反思，或听课记录，或讲座体会，可以先分类存起来，日积月累就成了鲜活的资源库。过一阶段整理一次，只需稍稍提纲挈领，就是一篇像样的文章了。

教师应坚持教育写作，坚信形成文字的过程就是与自己对话、跟自己诉说、和自己谈心的过程。日复一日、年复一年的教学生活，很容易造成新鲜感的消退、创造激情的淡化，而对备课、作业、考试这些日常教学生活的审视与重建，不仅能给你平凡的教学生活带来新鲜感，也能使你不断积累对教育、对儿童、对课堂等十分丰富的感性经验，这些能形成促进你专业成长的资源库。

你会发现，读书与写作构成的是一个充分必要条件关系，没有对经典文本的阅读乃至背诵，就不可能有佳作纷涌迭出。读书与写作这一良性循环的结果，又能于无声中促进教学质量的提升。一位喜欢阅读与写作的教师，教出来的学生也一定喜欢阅读与写作，因为言传身教、耳濡目染。这样的例子比比皆是。比如，作文教学专家管建刚老师所任教的班级，学生习作水平远远超出了同龄人的水平。教育写作还能让教师有一种成就感，让他们体验到拔节成长的快乐。江苏省教育报刊社组织的“教海探航”征文活动，迄今已持续了二十多年，已成为一项品牌活动，许多名师都是在这一活动中崭露头角，从此“一写千里”的。当写作成为一种需要以至不写不快时，教师便获得了教育生命的成长。

教育的幸福，点点滴滴，源于书又凝于书。这是一条简单的专业成长道路！腹有诗书气自华，拥有“书卷气”应是教师的自觉追求。只有读得精彩，写得精彩，才会拥有诗和远方，才会获得独属于教师的幸福！

教育情怀与生命成长

名师简介

信金焕，中学正高级教师、特级教师、河北省语文学科名师。1994年参加工作，1995年调入衡水中学，历任衡水中学2006级年级主任、课改处主任、教科处主任，曾获全国“三八红旗手”，第五届河北省“十大女杰”，燕赵百名优秀女性，河北省“三三三人才工程”一、二层次人选，河北省中小学幼儿园骨干教师，衡水市优秀班主任，衡水市学科带头人，衡水市优秀教师，衡水市语文学科名师等荣誉称号；先后多次在国家级、省级等大型会议上做经验报告，多次受邀到河南、贵州、云南、浙江、黑龙江、安徽、山东、江西、福建等地讲学。2010年3月6日，在纪念“三八”国际劳动妇女节100周年大会上，作为河北省唯一的妇女代表，在人民大会堂受到党和国家领导人的接见。

曾出版个人教育教学专著《塑造灵魂——衡水中学一位特级教师的教育密码》，主编出版了《花开的声音——衡水中学410班成长日志》《那些花儿——410班走出衡中忆衡中》《从衡中走向清华北大》，参与编写出版了《教师工作手册》《班主任工作手册》等。

今天我和老师们分享、交流的主题是“教育情怀与生命成长”。我想请老师们带着一颗平常心来听这场演讲，因为我不是专家，而只是来自教育教学一线的一个普通的语文老师兼班主任，我说的都是关于班级管理和课堂教学的一些经验和体会。

我觉得作为教师是应该有一点情怀感的，别管当初是什么理由让你选择了教师这个职业，一旦选择了，就一定要有一点情怀感，因为你所面对的是一个个鲜活的生命。我向来自诩自己是有一点点教育情怀的人。

说到“生命成长”，你们可能马上想到的是学生的生命成长，因为我们是教师，要通过奉献自己来促进学生生命的成长。今天，我要谈的不仅只有学生的生命成长，还有关于我们教师自身的生命成长的问题，因为一个自身生命都不能成长的人，如何促进学生的生命成长?

到这里演讲之前，我在筹备我们学校的一个大型论坛活动。我们学校每年都举行一次优秀教师表彰大会，大会以论坛的形式开展。就是最近的这次论坛，让我们在筹备中、在一次次试讲中发现了上述这个问题。我们有一位非常优秀的老师，她的班级管理很出色，教学也非常棒，现在已经是我们学校的中层管理干部了。但是，我让她谈自己的生命成长的时候，她感到很困惑，说：“我想做的就是对学生好，我想做的就是把学校交给我的任务很好地去完成，关于自己的生命成长，我从来没有想过。”我说：“你从来没有想过不代表你没有成长。当你把一个个学生教好的时候，当你把学校交给你的任务完成得很好的时候，是什么促使你能够不断地努力、进步的呢？而且我觉得你在取得这么多成绩后，绝对是有一种存在感、价值感的，也绝对能因此产生幸福感。一个教师有存在感、价值感和幸福感，就意味着其生命在成长，只不过是没有去思考这个问题罢了!”所以，我觉得每一位教师，都应该思考自身的生命成长问题。

我到很多地方去讲学的时候，主持人都会先隆重地介绍我的学校河北衡水中学，然后再介绍我。我正是在河北衡水中学的光环之下，才有更大的存在感、价值感和幸福感的。所以，每位教师都要明白，学校的强大就是你的强大，如果你的学校有一天强大了，那么无论你走到哪里，你都会有无比的自豪感和幸福感。

今年（2016 年）高考成绩揭晓之后，很多人用一个词语来形容衡水中学，那就是“恐怖”，就是说衡水中学创造了令人恐怖的高考成绩。今年高考中不仅仅是文、理科状元同时花落衡水中学，而且河北省的文科前十名我们学校占了 9 个，河北省的理科前十名我们学校也占了 9 个。

人们知道衡水中学最多的，是其高考成绩，其实这样的高考成绩背后有着太多太多的东西。每年都有成千上万的人涌进衡水中学来取经，但是真经真的能够取到吗？我觉得到目前为止，全国还没有一个真正能够和衡水中学一样的学校，所以，我觉得成绩背后的东西才是最为重要的。

衡水中学的活动特别多，学生的活动多，教师的活动也多，因为我们有一个理念：活动就是教育，没有活动就没有教育。对于教师来说，活动就是他们成长的平台，没有活动就没有成长的空间，对于学生来说，也是如此。每到周六，我的班级都要举行一次阅读分享活动。因为现在的学生不爱写东西，也不爱在公开的场合交流分享自己的观点，于是我每周都让他们进行阅读分享——就是把阅读的感受写下来，然后跟大家进行交流。我想了一个办法，用一个空的粉笔盒，把我们班所有学生的名字做成阄放进去，到时候我抓出谁，谁就现场给大家进行阅读分享。我要求每个学生的分享一定要带给大家收获。所以，我的点名是没有指向性的，所有的学生在这里都是平等的，成绩好也罢，不好也罢，我抽到他的时候，他一定要跟大家分享。我就用这种方式来激励学生进行阅读、写作和口头交流。我还根据我的姓氏，给这个活动取了个有趣的名字叫“信手拈来”，并解释说：“什么叫信手拈来？就是我们在写作的时候，能够自由地运用各种素材，而我们进行阅读分享的目的也是让你们在写作的时候能够自由地、灵活地创作。”这样的名称，不仅包含了我的姓氏，而且寄寓了这个栏目一种意义。另外，“信手拈来”这个成语出自苏轼写给朋友的两句诗：“前身子美只君是，信手拈来俱天成”。诗中“前身子美只君是”，是说朋友的前身就是杜甫，夸赞朋友很有才学；“信手拈来俱天成”，是说你随意一写，就巧夺天工。大家也知道，“文章本天成，妙手偶得之”。那些文章是自然天成的，只不过是有人用妙手偶然得到它而已。那么，怎么才能有“妙手”呢？就是要不断地阅读、写作。

当我把我对这个活动名字的想法告诉学生的时候，他们都感到很有意思，每周都热情洋溢地准备阅读分享。所以，后来我一直在用这个名字——我独有的品牌活动。我的学生最担心同时又最期待的就是，语文课时信老师的手往盒子里面一伸——然后他们就习惯性地喊一句话：“拈一个，拈一个。”

我以这个小故事开始，和大家进行一场关于教师生命成长的交流与分享。

一、以仁心养育生命，做仁者型教师

我觉得作为教师，不要管别人觉得你重要不重要，你一定要意识到自己太重要了。那么，什么是好教师？这里有四个标准：有理想信念、有道德情操、有扎实的知识、有仁爱之心。这“四个有”里面，我觉得“有仁爱之心”非常重要。理想信念不重要吗？道德情操不重要吗？扎实的知识不重要吗？也重要，但我觉得更重要的是教师应该有一颗仁爱之心，一颗爱学生的心。

在这里，我想跟大家分享七个小故事。

1. 橘枳之别

这个故事对我来说是一个非常老的故事了，但我在好多地方仍然会提起它，因为我觉得每个教师在接一个新的班级的时候，都可能遇到一个问题——班里总有几个，或者就一两个学生，非常调皮，就是我们平常所说的“刺儿头”学生。对于这样的学生，我们有时感到无能为力，尤其是做班主任的，可能觉得你的大部分精力都被这几个学生给消耗掉了。即便你有精力和他斗智斗勇，最后也是两败俱伤。其实跟学生斗智斗勇，我们真的斗不过他们，我们一定要承认在很多方面我们都不如学生。

2005 年，我新接了一个班，就遇到一个“刺儿头”学生。我们学校分班是按照平行班的模式，根据成绩把学生分班的，班主任以抓阄的形式来确定要管理哪个班。我们学校为什么会有今天这样好的成绩呢？一个很重要的原因，就是公平、公正。对老师完全是公平、公正的，分班的时候也绝对公平、公正，即便是校长也不能按个人意愿决定给谁分什么班。我抓了这个班之后，就有一个老师告诉我说：“信老师，你抓了一个‘刺儿头’啊。”我说：“什么‘刺儿头’啊？”“你到班里一看就知道了。”

当然，很快我就“见识”了那个学生。这个学生很与众不同，他根本不把别人放在眼里，甚至包括老师。我该怎样对待他呢？我一开始也是觉得自己没有足够的智慧很快就能把这个学生管好，但是我愿意摸索着往前走。这个学生最大的特点就是以自我为中心，从来不把老师放在眼里，我们教育学生要爱师、尊师，他觉得这都是无所谓的；我们强调要把班集体的利益放在最重要的位置，要考虑到其他同学的感受，这在他看来也无所谓。为什么？因为他不知从哪里学到了一个人生信条：世上只有永远的利益，没有永远的朋友。所以，对于这样的学生，我觉得我没有特别的应对方法，只能不断地去观察他、慢慢地了解他，然后再采取措施。

我们学校有一个对教室卫生的要求：不允许学生把个人的物品堆放在公共空间。这个学生根本就不按要求行事。我们学校实行行为量化管理，怎么量化？包括卫生、纪律等，各方面都有标准。卫生这一项的标准是，如果有学生把东西随意地放在公共空间里了，那就要扣班级量化分五到十分——扣分不是目的，而是想以此彰显团队的力量，我们特别信奉“一个人只能走得很快，一群人才能走得更远”的道理。所以，因为这个学生我们班经常被扣分，对此我也很烦恼。我就警告他说：“如果你再出现这种情况的话，我就不客气了，我会把你的东西没收。”这个学生有个特点，就是他从来不当面对抗老师。你跟他说的时候，他说：“好的老师，我记住了，我明天一定不这样了。”但是明天他还是这样，又被扣分了。后来，我就只好真的把他的东西给拿走了，放到我办公室的橱子里，包括他的衣服和他的一堆资料。

第二天我到办公室，看到橱子里的衣服没了，我想很可能是这个学生趁我不在的时候偷偷地拿走了。我并没有怒气冲冲地找他，也没有指责他趁我不在的时候把衣服拿走。我想可能是天气冷了，他需要这件衣服。然后，我就看了看他那堆资料，正非常混乱地堆在那里。我们一直教育学生要把资料按时间、学科进行整理，以保证上课能及时找到。我看到他那些资料之后，突然有了一个想法——干脆我给他整理一下。于是，我就把他的资料分门别类地整理好。等他再来找我的时候，我就对他说："这些资料你拿回去吧。"他说："老师，不用拿回去了，就当是您给我的一个惩罚吧。"我说："你再看一看这些资料，你没发现是老师精心给你整理过的吗?"他再次看了一下这些资料。我觉得他看到这些资料的时候，眼神里有一种特殊的东西，但是他当时什么也没有说，扭头就走了。过了一会儿他又回来了，他说了一句话，让我感到很震惊，他告诉我："老师，趁你不在的时候，我把我认为有用的资料都拿走了，你整理的都是没用的资料。"当时我太震惊了——这个学生怎么这样啊！但我还是没有责备他，我觉得对这种学生，指责、批评都没有用。我说："别管有用没用，老师用心给你整理过了，你就拿回去吧，以后也提醒自己做事要养成好的习惯。"

我觉得这件事对他产生了影响。

后来有一天，他生病了，我打电话给他爸爸说："孩子生病了，你来接他回去看医生吧。"他爸爸说："什么呀，您甭管他，绝对是装病的。"他爸爸不来接。到现在我都清楚地记得，那个学生长得很高，一米八多的大个子，我就骑着电动车把他送回家。

我觉得这件事也对他产生了影响。再后来，他的行为习惯开始明显向好的方向改变。我觉得他已经不是我当时刚刚接手的那个口口声声说"世上只有永远的利益、没有永远的朋友"的玩世不恭的学生了。所以我们做老师的，除了让学生有好的成绩之外，更应该引导学生养成好的品行，这是更有意义的事情。

我们学校有一个教育理念就是"先有父母心，再做教书人"。你没有父母心，就不要选择教育事业，因为这是关乎生命的事业。

2. **特殊的班会**

这是我们班会上发生的一件事。我拿这件事来跟大家分享，也是想突出同一个主题——教师要有仁爱之心。我觉得你用自己的真心去对待学生的时候，绝对是能够换取真心的。

2011年冬天，我经历了人生的一个低谷。我唯一的妹妹突然间去世了，当时我觉得特别接受不了，因为我觉得前几天还是那样活生生的一个人，怎么就没了呢？那段时间我的情绪十分低落。处理完她的后事之后，我回到学校，那天正好是周日，我们每周日晚上都要开班会。我认为班会是最佳的教育阵地，但是有的老师把班会变成对学生的说教课，没有发挥它应用的价值。

那天我一直在想，这个班会我怎么开？当时我们的班级管理有点松，学生可能也没有管好自己，整个班级的士气有点低迷。班会上，我首先让学生把教室的灯全部关掉，全体起立。然后说："我想请同学们唱一遍我们的班歌《倔强》。"黑暗中，学生们大声地唱了一遍。当他们唱完之后，我又说："老师还想让你们再唱一遍，想让你们把这首歌献给老师，你们可能也知道老师的家里面发生了一些事情，老师也需要鼓励，你们把这首歌唱给老师，好不好？"学生们又唱了一遍，他们在唱这一遍的时候和唱第一遍时完全不一样，唱得非常投入。当他们唱完第二遍的时候，我又说："老师还想请你们再唱一遍，唱这一遍的时候，你们要想着不仅仅献给老师，也要献给我们这个班级，因为我们这个班级也有点士气低迷，我们要唱给我们班级的每一个人，包括自己。就像歌中唱的那样，'不管怎么样，我都在风中大声地唱，别管下一站是不是天堂，就算失望不能绝望'."学生们就又唱了一遍。唱这一遍的时候，我依稀能够听到教室里哭泣的声音，学生们不仅仅是在唱歌，更是用心来感受。感受什么？感受老师和他是一样的，每个生命都可能遇到人生的挫折和低谷，在遇到问题的时候，我们需要的是能够共同温暖对方。

这次班会，就是唱了三遍班歌，但它对学生们产生的教育影响非常大。我们班一个特别叛逆的女孩，在这次班会之后给我送了一个卡片，卡片上是这样写的：

信妈，其实我一直都觉得你很好，真的。其实我一直很感激你，真的。可能不太会用语言表达，也可能我还在幼稚地叛逆，让你见到的总是一个有问题的我，你可能觉得我很无情，没错，我确实是这种人，不过，我心里知道谁对我是真的好。感激您对我宽容，感激您。说实话，我讨厌过您，但我不反对在讨厌一个人的同时喜欢上她。想安慰您，但不知道该说什么。如果全世界约定下雨，就让我们约好在心里放晴！

看到最后这句话的时候，我特别感激我所从事的教育工作是一个关乎生命的工作。一个平时在你的眼里非常叛逆的孩子，她告诉你——如果全世界约定下雨，就让我们约好在心里放晴！她用怎样的一颗心在安慰你啊！我真的很感动。之后，在我们的建班一周年的班会上，要讲建班一周年最难忘的一件事，很多学生不约而同地说到这次班会。有个学生叫董傲，是我们学校的第一个生物奥赛国际金牌获得者，他说：

还记得那次班会，当熄灭了全部的灯光，71 个孩子和一位妈妈用心去唱出我们的班歌《倔强》时，一切困难都变得那么渺小，一切事情都变得那么简单，从那时起，410 班每个成员的心会贴得更加紧密，任何困难都打不败 410！

另外，还有一个学生也提到了这次班会，他说道：

一个特别的班会：三遍班歌，410 人为之泪流满面！第一遍，唱出了忧伤；第二遍，唱出了泪水；第三遍，唱出了血性！经过这次班会，我明白：追梦路上，有家人陪伴，我不孤单！我对自己、对 410 许诺：宁愿笑着流血，绝不含泪后悔！

所以，我觉得一节好的班会，真的能给学生带来很大的影响，我们现在教给他的知识，不管是哪个学科的知识，有一天他可能会忘记，但是班主任在什么样的时间，在什么情境下，给他开了这样的一次班会，他一生都忘不了。几年过去了，在这些学生即将大学毕业的时候，我召集他们进行了一次聚会。这次聚会的形式和内容完全是由学生自己来设计的，他们给聚会起了个名字叫“青春不散场”。这次聚会有个唱班歌的环节，但是我真的没想到，当《倔强》的旋律再次响起的时候，几年过去了，这些学生会同时起立，然后满怀感情地来唱这首歌。我当时真的是泪流满面，真的是难以自抑。

通过刚才所介绍的那次班会，我想告诉大家的是什么呢？是当你遇到挫折的时候，你会觉得学生也是你的亲人，当你把学生当成亲人的时候，不要觉得这就是给予爱，你除了是一个施予者，还是一个索取者，你也需要爱。当你们真正成为一家人的时候，再实施教育，情况就不一样了。

以前的我特别严厉。

一次，在开班会之前，我突然收到一张纸条，是一个学生给我的，他写道：“老师，你知道吗？在新的班集体里，我不能接纳的只有一个人，那就是你！（不要找我谈话问为什么）。”接到这个纸条之后我一下子就呆住了……还不让我找他谈话问为什么！他交给我这个纸条之后，就有意识地回避我，真的不想让我找他。不找他谈话，我心里就堵得慌，他到底为什么会这样想呢？有一天我还是拦住了他，我说：“老师真的想知道到底发生什么事情了，你只要告诉我发生了什么事情就可以。”

原来，有一天值日的时候，我嫌他动作有点慢，就批评了他。没想到那天的值日生不是他，是值日生忘记值日了，他主动帮助别人做的值日。可我不知情，还批评他。在一个新的班级里，在他对我不了解、我对他也不了解的情况下，他觉得自己主动为班级做事，却挨了批评，非常委屈。我后来一想，感到后怕，如果这件事情没有解决的话，我们师生之间的那种矛盾可能就没法化解了。所以，当时这个纸条，真的给了我触动，让我一下子找到了开班会的切入点——沟通。师生之间的沟通太重要了，我们俩一沟通，矛盾就完全化解了，但是我们如果没有沟通的话，他会恨我，我也会觉得这个学生很不懂事，这样一来，我们之间的关系在以后就不可能达到一种和谐。

后来，班里学生犯了错我从来不批评，一个眼神看过去他们就知道错了。但我也在想，自己如果真的让学生产生畏惧心理的话，那就还不是成功的。我觉得那个时候的我，缺少用父母的那种慈心去对待学生，对他们的要求确实有点严格了。

3. 替学生家长写信

我们也经常开家长交流会，但是我们从不叫它“家长会”，而叫“家长培训会”。因为我们知道，一个优秀的孩子背后，不一定有优秀的家长；一个顽劣的孩子背后，很可能有不称职的家长。所以，我们认为对家长的培训是很重要的。我当班主任的时候就经常举行家长培训会，一直都把它当成家长、学生和老师三方会谈的好机会。

到了学校开家长培训会的时间，我会对学生说：“明天要开家长会了，你们布置一下黑板。”学生说：“这还不容易吗？就写‘欢迎您的到来’。”我说：“太俗了，而且这几个字太冷，没有情感，你们好好地想一想，明天的家长会家长都来，家长、你们和老师进行三方的沟通和交流，你们给它起一个名字。”

结果我第二天进入教室的时候看到黑板上就两个字：懂你。我觉得这两个字太好了——懂你。谁懂谁呢？父母懂孩子，现在很多父母不懂孩子；孩子也要懂父母，现在的孩子很多不懂父母；老师也需要懂学生，学生也需要懂老师。所以，我觉得孩子们的创造力是无穷的。

右图是我们的另一次家长培训会的板报，仍是关于父母、孩子、老师的“沟通”的，黑板上这三个人，从小到大——“我们长大了”。所以，我觉得我们教师

需要做的就是给学生搭建一个平台，让他展现出无限的创造力。

另外，我们学校还有几大品牌活动，如八十华里的远足、成人礼活动月、心理剧大赛，这些活动产生的影响都是非常令人震撼的。

我给大家讲一下关于成人礼活动中发生的故事。

这个故事发生在 2007 年，距离现在十年了，那个班叫 318 班。2007 年举行成人礼的时候，我们是没有邀请家长的，而只让家长在我们举行这个成人礼活动之前，给自己的孩子写一封信，作为给孩子成人的礼物！当时我是年级主任兼这个班的班主任。在举行成人礼仪式的前一天晚上，我发现我们班有三个学生没有收到家长的信——这是怎么回事？

我对这个班级比较了解，这个班是我从高一一直带到高三的。这三个学生中，有两个学生的父母是农村的，我想他们的父母很可能不知道什么是成人礼，或者根本不知道成人礼对孩子有什么意义，所以就没有写封信给孩子。另外一个学生的父母是商人，长期在内蒙古经商，该生父母常说："老师，我把孩子交给你，我就放心了。"然后他们什么也不管，就去赚钱了。就是这三个学生没有收到父母给自己的信！我发现这个问题的时候已经是晚上十点了。我想如果明天每个学生都有信，但这三个学生没有，他们会有怎样的感受呢？我当即决定给这三个学生每人写一封信，并且保证不能让这三个学生对自己的父母产生怨恨——你是当好人了，可是他怨恨父母了，这也是不行的。所以，我特别用心去斟酌怎么写，一直写到了凌晨两点。

第二天，当我们成人礼的仪式结束，一起回到班里开"迈好成人第一步"的班会的时候，每个学生都收到了一封信。这三个学生是知道他们的父母没有给他们写信的，我看到其中一个女孩子打开信的那一刹那，眼泪马上就出来了。过后她给我写了一封回信，她说：

信老师，你知道吗？你这封信给了我太大的惊喜和感动，本来还在为不能接受父母的祝福而难过，甚至对没有文化的爸爸妈妈产生了怨恨，但是看了您的信，我感觉命运是公平的，我应该感谢虽然贫穷但倾尽所有供我上学的爸爸妈妈。信老师，我本想收获一缕春风，而您却给了我整个春天，我能喊您一声妈妈吗？

看到这封信的时候，我觉得头天晚上一直写到凌晨两点的那份辛苦是非常值得的。这个学生很可能因为收不到父母的信，而对父母产生怨恨，那么当一颗怨恨的种子刚刚要扎根的时候，你就轻轻地把它拔掉了，而且给她种下了一颗感恩的种子，这不就是我们老师最有价值的地方吗？试想，如果当时我忽略了，如果我把这件事完全推到家长身上，可能也就没有这个效果了。所以，我觉得通过替家长给学生写信这件事，我们应该认识到，我们能做的事情很多。我们都说教育是大事，其实教育就是在点点滴滴当中就能够看见的、你对孩子的那份珍爱。

4. 中秋节我们一起赏月

这是我带410班时发生的故事。中秋节时，学校会给学生买月饼、买水果吃，但是我觉得那次中秋节我们享受的不是月饼和水果，而是那份情感。

那天我就想，这个中秋节该怎么过？虽然他们中午在餐厅能吃到月饼，能吃到很多东西，但是感觉还是缺少什么，我就想了一个办法。晚上，我对学生说：“今天晚上我们一起到操场赏月，好不好啊？”

“太好了！”学生都大声喊起来。到操场之后，我让学生们按顺序坐好。因为我是语文老师，自然就想起语文教学了。

我说：“我们手里不是有月饼和水果吗？哪个同学能够吟一首关于月亮的诗歌，谁吟得好，谁就先吃。”于是，他们争先恐后地吟起来了，从李白的最简单的诗，再到后来的长长的《春江花月夜》。学生们表现得都特别积极。吟完诗之后，大家接着唱关于月亮的歌。师生都高兴极了，真是其乐融融。

如今，几年过去了，这些学生也长大了，很多学生还说，那一年中秋节赏的月，是他们十几年来看到的最大最圆的月亮。但是后来我们查了一下，那一年中秋节的月亮是历年来最小的。为什么一轮最小的中秋月，在学生的眼里却是最大最圆的？是因为老师用心给他们烹制了一席情感的大餐，让他们享受了这份永存心田的美好！

5. **一盏灯的故事**

下面这个故事，可能让你有更强的带入感，因为刚才我讲的很多故事都是和学生有关系的，大家可能觉得我生命中只剩下学生了，实际上绝对不是这样的。如果你生命当中只剩下学生的话，你就会是一个不成熟、不理智的人，这样的人是很难培养出人才的——因为我曾经也不成熟、不理智过。

我曾经既是年级主任，又是班主任，同时还教语文课。从2006年开始我当年级主任一直到2009年高考，我觉得再这样下去，我真坚持不下去了。就是在这段时间里，发生过不愉快的事情。我自己压力很大——作为教师经常会这样。有人告诉我说，作为教师，一定要把握好自己的角色，在你进入学校大门的那一刹那，你要把你的工作情绪调整好，当你走出校门回家的那一刹那，不要把你的工作情绪带到你的生活当中。但是，我们经常会产生角色混乱感，就是分不清自己的角色是教师还是家居生活中的人。我觉得我们教师一旦角色混乱起来就会出乱子。经常听到别人说女老师在家里跟自己的爱人说话的时候，也和教训学生似的——因为在学校教训学生教训惯了。我就曾经犯过一次这样的错——在一次压力特别大的时候。

我爱人在行政部门工作，他的工作相对来说比较轻松，最起码不经常加班。我的工作时间，基本上就是早晨五点四十起床（之前有一段时间是五点半），晚上十点半以后到家。我回到家，几乎每次都发现我爱人在玩电脑。平常倒没觉得怎么样，但是心情不好的时候，就接受不了，就变成怨妇了："我这么辛苦，你为什么这么轻松啊？"我爱人曾经挖苦过我，他说："为什么你这么辛苦我这么轻松啊？是因为你上学的时候不好好学。"平常这样说无所谓，但有一天就特别接受不了。那天回去之后他又在玩电脑，我压力大，情绪不好，就开始把情绪往他身上发。我过去就把鼠标抢过来，"啪"一下把电脑给关了，然后老师的角色感就来了，我说："这么晚了你还玩这玩意儿，有时间为什么不多看看书呢?"他被训得目瞪口呆："哎哟，这又不知在哪儿受气了，然后跑我这儿发泄来了。"我训完他之后，自己就去另外的房间休息了。我没时间跟他吵架，因为第二天早晨我还得五点半起床。这是我再不理智的时候也能够理智地知道的：我今天跟他吵架浪费时间，明天就起不来了。所以，我不跟他吵架，而是"哐"的一声把房门关上，去另一个房间睡觉了。

第二天早晨五点半，我起来的时候，发现他屋里的灯还亮着。原来他为了表示抗议，玩了一晚上的电脑。过后我反思，确实是自己出现了角色混乱状况。一旦角色混乱的时候，你就处理不好家庭和工作之间的关系，一旦出现失衡状态，工作做不好，家庭也是一团糟。我能这样反思，还有一个原因，就是后来我爱人给我说了一句话，这句话真的让我感动了，他说："我晚上玩会儿电脑，不就是想让你回来的时候，看到家里那盏亮着的灯吗?"从那之后，我每次回家的时候感觉就不一样了。我首先抬头看（我家是四楼），我家的灯是不是亮着的，如果我家的灯是亮着的，我的心情一下子就好了，然后加快脚步，甚至噔噔噔地跑上楼。如果我抬头一看家里的灯熄了，我的心情真的就不好了。因此，我明白了一件事情，我觉得有些事情我们真的是无法选择的，比如我选择了这份职业，就必须适应这样一种工作状态。

当一种生活，我们改变不了它的时候，一定要注意改变自己的心态，让自己的内心阳光一些。如果一直抱怨，绝对是工作一团糟、生活也是一团糟。后来，我也提醒我的同事，我说，作为一名教师，一定要做阳光教师!

6. **建班一周年语录**

我不知道有没有教师给自己带的班级设立"建班一周年"这样的活动，我带410班时就隆重举行了建班一周年的班会。我们当时还特意制作了一个精美的课件——当然也是学生做的，记录了一年里面的点点滴滴。我还让他们说一说建班一周年最大的感受，不是有选择地让部分学生讲，而是要每个人都讲，让每个人都有一种存在感。在讲的时候，有个同学说：

410 班是一种财富，几十年后等我头发花白时，回忆也会那样幸福，感谢上苍让我来到 410 班，我失去一个母亲，又得到另一个母亲，我失去一个完整的家，又得到另一个无比温暖的家。

看到这段文字的时候，我知道你们也能看到这段文字的背后——这个来自学生一个单亲家庭，从小失去了妈妈，但他到了班级这个大家庭的时候，他感觉到有妈妈了，感觉到有家了。这个学生后来考上了清华大学，现在在清华大学读博士。

有一个叫夏美坤的来自外地的学生说：

忘不了那次一个人去医务室，寒风刁刁，悲伤的泪水快要溢出双眼时，小路上传来了信妈妈高跟鞋的声音，那声音，最温暖、最美。

在生病的时候，学生感到最温暖、最动听的就是信妈妈高跟鞋的声音。这个异地求学的学生，生病时只能自己去医务室，这个时候她最强烈的感受就是孤单无助，这个时候班主任出现了，给了她极大的温暖。

这是另一个学生留下的感想：

当有些事情随着时间的流逝而渐渐褪色，在心中留下的是最令我感动的一幕一幕。犹记得那一晚，已经是 10 点多了，那个熟悉的身影又出现在女生宿舍的楼道里，那是信妈妈的身影，已经记不得这是多少次她在早该回家休息的时候来看她心爱的孩子们了。楼道里的光线昏黄但带着温馨，摇曳的暗影里是信妈妈疲惫了一天的凌乱发丝，那样美丽的一幅画面，深深地烙在我的心里。

所以，我们所做的点点滴滴，在学生的心里都会被无限地放大的。因此，我觉得作为老师，真的可以收获满满的幸福。当我们以仁爱之心对待学生的时候，学生回报你的绝对是正能量。

7. 73＋1＝∞

我在 2014 年带了一个班，是在高二时接的班。第一次月考的时候，我出差了。我在外地，知道了我们班级的成绩，我们班在八个实验班中成绩排第八名，语文科成绩也排第八名。我当时听到这个成绩，心里一颤，怎么这样啊？这个开局没开好。但是我觉得这也没什么，没开好头，后面可以继续努力嘛。

但是，当我出差回来的时候，走进教室，看到黑板上写着：73＋1＝∞。我们那个班是73个学生，73加1，那个“1”就是我，等于正无穷。后面有一句话：相信我们不会让您失望。同时，黑板上贴满了小纸条。这些小纸条是每个人写给我的一句鼓励的话。看到这个情景的那一刹那，我又被感动了。我觉得我这个时候真的不能说什么了，再说什么我又会在学生面前失态了。我当时就说了一句话：“相信相信的力量!”一次考不好真的没关系，同学们都有这份心了，我们这个班后面会不好吗？因此，我们要让学生明白，我们是一个共同成长的生命体，教师是一个生命，学生也是一个生命，我们每个生命都在成长，我觉得这一点是最重要的。

到现在为止，我和大家分享了七个故事，这些故事都是围绕“以仁心养育生命，做仁者型教师”的。我觉得这是实施教育的前提，是做好老师的前提。但是，仅仅有一颗“仁心”就足够了吗？我觉得不是。现在我们很多教师感到最大的痛苦在于“爱无力”。什么叫“爱无力”？你爱学生，学生却不爱你，甚至有学生恨你，而你还不理解，还一直觉得我是为你好啊，你为什么还这样啊？

二、以智慧启迪智慧，做能者型教师

我们从事的是教育，而教育是一门艺术，艺术是需要智慧的，所以，我跟大家交流的第二个问题，就是“以智慧启迪智慧，做能者型教师”。

我现在是一名能者型教师了吗？我觉得我还不是。遇到很多实际的教育问题的时候，可能我也会感觉到手足无措，但是我会平静下来慢慢地想办法。作为老师，你和学生斗智斗勇没用，但我觉得你一定要在智慧层面上超越他一点点，这个“智慧”的主要意思是你的胸怀要比他们宽广一点，因为他们毕竟是孩子。下面我依然要讲几个小故事。

1. 一对九的挑战

我特别愿做班主任，因为我觉得当班主任收获真的很大，魏书生说过，没有做过班主任的老师是不合格的老师。我是毕业 8 年之后才开始当班主任的。

2002 年，我们当时的学校领导突然做出一个决定，令我特别惊讶——让我去当班主任。我记得那年当高三年级的班主任的时候，那种无奈实在是无法形容，因为我之前都没进过宿舍楼，不知道我们学校的宿舍是什么状况，也不知道什么叫班级行为量化。所以我接班的时候，学生和家长都充满了质疑：你能不能带好？我压力特别大，没有任何经验，就是一步步地熬过来的。但是我觉得当了班主任之后，我的教育生命开始发生变化了。

我认为改变一个落后的班级首先要改变它的精神状态，接班以后我就给他们提出了一个口号，叫“人在普通，心在巅峰”，虽然你人在普通班，但是可以“心在巅峰”，要有一种更高昂的精神状态。我就用这个信念去引领他们，班会中也好，活动中也好，都在强化这个信念。后来一个家长参加完我们的家长会以后，跟我说：“信老师，现在这个班级的孩子们，都被你调动得充满了学习劲头。”我说：“这就对了。”所以这个班级在到高三之后，成绩就慢慢好了。

我们学校有一个班级间相互挑战的活动，班级挑战的时候，每个班的班长上去宣战，挑战某一个班级，被挑战的那个班级应战。每个班都有自己的口号，目的就是点燃自己班的斗志。我们的班长和班委会的同学商量之后，回来跟我说：“信老师，我们这次不想挑战某一个班，咱普通系里不是有 10 个班吗？我们想挑战其他 9 个班！”我说：“你们太厉害了，我当了这么多年的班主任，从来都没敢想过一个班挑战人家 9 个班，但是……”老师们的智慧体现在什么地方呢？就是要在学生面前超越他一丁点。于是，我就说：“你们既然做出了这个决定，我就义无反顾地支持你们！”——不要给学生泼冷水，而要鼓励他们，然后还要给他想办法。结果，那次我们班的班长上去一读挑战宣言，坏了，底下 9 个班一下子都站起来了：

“你们太侮辱我们了!”下课之后，学生对我说:“老师，我们走在校园里，其他班的同学都指着我们说，这就是那个‘以一挑九’的那个班级的学生。”

在他们发出了挑战宣言之后，我组织了一次班级活动——班级绑腿行走比赛。比赛怎么进行呢？所有的男生绑在一起，所有的女生绑在一起，然后是男、女生对决，从操场的这头走到那头，看谁走得快。被绑在一起走本身就很困难，其中有一个人没按照指令走，整队就会摔跟头，最困难的是拐弯，因为更需要一种整体的平衡和协调。组织这个活动就是想看看大家是不是能够齐心协力做一件事。

活动结束之后，我问全班学生:“这个活动，你们最大的感受是什么?”学生们告诉我说:“老师，我们最大的感受是我们团结一致，可以战胜一切。”我告诉他们:“对，你们‘以一挑九’的这个大话都说出去了，就收不回来了。你们现在需要做的就是破釜沉舟、同舟共济!”这个活动之后，班里的学生空前地团结起来。

他们也最终以一敌九、以一挑九、以一对九成功了。

通过这一件事我想对大家说，在对学生管理和教育的时候，首先要激发学生的斗志，这是最关键的！古人说“授之以鱼，不如授之以渔”，但是我想说“授之以鱼，不如授之以欲”，你教给他打鱼的方法不如给他求知的欲望，如果他把获得知识、提升能力作为由内而外的一种渴望，这个时候他的力量是无比强大的。

2. 写给远足后的 410 班

在每年的春天，高一年级都要举行一次 40 千米远足活动，这对学生的意志品质是极大的锻炼，同时也是对一个团队的考验！一个人走 40 千米很可能走不下来，只有一群人才能坚持下来。学生们去的时候很高兴，回来的时候互相搀扶着。我们的活动其实是全民总动员的，警察为我们维持秩序，所有的家长虽然不直接参与其中，但会做好各方面的服务。这是一个蕴含着教育理念的活动，我们把它做到极致，以让学生们终身受益!

我觉得作为教师，不管学校组织什么活动，都一定要把它做成自己的活动！这样做最大的受益者是谁？是我们自己！你有这样的意识，才能把事情做得更好！

远足活动回来之后，学生回家休息一天，返校后我一定要开一个关于这次远足活动的班会。有一次我得出差，怎么办？我给学生们写了一封信——《写给远足后的410班》：

410班的孩子们，当你们开班会的时候我早已坐上了开往杭州的火车，非常遗憾这个远足活动后的特殊班会不能和你们一起度过，所幸苏兰老师和昭雨的爸爸能够和你们共同分享远足的收获！我相信每位同学的收获都将是终生难忘的。我为拥有你们这一批孩子而感到骄傲！

翠薇，你的脚磨了两个大大的血泡，但回来后你满含泪水的眼睛告诉我：因为掉队，你很难过！老师告诉你，在老师的心里你是最坚强的！

尤龙，说实话，去的时候，看着白白胖胖的你，老师甚至怀疑你能否坚持下来，但是回来的路上你让整个410班斗志昂扬，充满力量！

小鹏，回来的时候你已经很累了，但还是跑回去捡拾垃圾，那一刻老师为你动容，只可惜老师没能用相机抓住那精彩的瞬间！

子悦、博阳，回来时你们都吐了，但你们不喊苦，不叫累，勇敢地坚持了下来，你们是410班全体同学的优秀代表！克嘉，一直在闹肚子的你去的时候就在咬牙坚持，回来的时候却在不停地照顾大家。还有乔石、王卓、鹤松、冯悦，你们是410班的班干部，也是410班挺起的脊梁！

还有很多很多发生在410班远足活动中的动人故事，说也说不完。但是，老师最想告诉你们的是，远足不仅仅是一项活动，还是410班全体师生共同参与的一次战斗，我希望你们不要随着远足的远去、时光的流逝而忘记这一切，而要在以后的学习生活中让410班灵魂的旗帜高高飘扬在衡水中学的上空！

老班

2010.4.18

整个远足过程，我是全程跟他们一起走下来的。在这一过程中，我一直观察每一个学生的表现，并在信中肯定了他们的表现，我觉得这封信比我现场给他们说一些鼓励的话，效果要好。

我出差的那几天，班级管理出现了问题，当时我们的班长刘克嘉做了一件事，我感到特别震撼，他做了一件什么事？当时班级量化落后了，班长把前门打开，带着所有的同学面向班牌鞠躬说了一声“对不起”。此后，几个爱捣乱、爱违纪的学生再也不捣乱、违纪了。我一直告诉他们：“‘410’是什么呀？410是410班每个同学的名片，人家不一定知道你叫什么，但你自己一定要记住，你是410班的！”我觉得给他们渗透这种精神的东西是有用的！

3. **特殊的辩论赛**

这个故事虽然是关于语文教学的，但是我又觉得它和其他学科也有关系——智慧启迪智慧，做能者型教师。当我们遇到教育教学中的特殊问题时，怎么办？这个故事为什么叫“特殊的辩论赛”？听了下面的故事大家就会明白了。

我们学校每年有一个文化节活动，每个学科都有每个学科的文化节，历时一个月，期间要开展一系列活动。在语文的文化节上，必不可少的就是辩论赛。举行辩论赛的时候，很多班级就把自己班最优秀的那个同学推选出来，跟别的班比赛，保证拿个好成绩回来。我不这样做。当我知道要开展辩论赛的时候，我就决定让全班同学都参与，绝不把活动做成少数优秀学生的活动。一个辩论队，分正方、反方，正方4个人、反方4个人，共8个人。我让学生自由组合成9个小组，每天语文课都用10分钟的时间来让他们进行辩论，每个同学都要参与。这样，所有学生就变得对此特别有热情了。

一轮下来，9个队都辩论完了，学生跟我说：“老师，我们还想辩一场。因为我们觉得有一个问题必须得辩一辩了。”我说：“什么问题？”他们说：“我们想辩中学生谈恋爱到底弊大于利，还是利大于弊。”这是一个非常敏感的话题，但这个话题绝对不是不可触及的。我们也一直认为，十六七岁的孩子，如果他在青春期没有对男生或女生产生朦胧的喜欢，那才是不正常的。学校曾有一个心理剧大赛，也是非常值得一提的。我们的心理剧大赛就是要把学生们遇到的成长中的问题搬到舞台上，有一年就有一个叫《繁花的梦》的心理剧，把早恋问题搬上了舞台，并让学生用AB剧的方式去设计早恋的结局：一种情况是两个人最终走到一起了，另一种情况是两个人没有走到一起。剧情往哪个方向发展，让大家去选择。当时演员们演到一个阶段，我们让在座的学生选择，这两个学生到底应不应该在一起？底下齐声大喊："应该在一起！"主持人说："剧情到底怎样发展呢？"接着，演员们演了B剧，他们走在一起了，可发现很多问题都来了，最后他们还是主动要求分开了。我觉得这种教育效果比你拼命地给学生讲现在为什么不能在一起的道理要强得多了。

所以，当学生说要辩"中学生谈恋爱到底利大于弊，还是弊大于利"的时候，我说："如果你们准备充分，我就让你们辩一节课！"

结果辩论效果非常好。正方同学在最后总结陈述的时候说："青春期男女生产生好感是正常的，但是，可以恋，不可以爱。"并解释："什么叫恋呢？恋是喜欢，我喜欢这个男生，我喜欢那个女生，这是可以的。但是不能爱，为什么不能爱，因为爱是一种能力，我们还不具备爱的能力。"

我觉得学生们辩论得非常好！

正方的一个同学特别激动，她说："有些男生，你们拿着父母的血汗钱去给女朋友买这买那，你的良心何在？爱是需要能力的，你具备爱的能力了吗？具备最起码的物质方面的能力了吗？"我觉得理不辩不明，辩了之后，学生们自然明白了到底应该何去何从。我也挺心满意足的，我以为这次辩论就这样结束了。但我没想到，学生又来找我了——

"老师，我们还想进行一场辩论赛。"

"你们没完了？为什么还想辩论一场呢？"

"我们想和您辩论一场！"

"为什么想和我辩论一场呢？！"

"我们全班同学和您一个人辩。"

"这不是欺负人吗？你们七十多个人和我一个人辩！"

“老师，不是欺负您，我们觉得您太厉害了！”

同意不同意和他们辩呢？

“怎么个辩法啊？”

“我们去找辩题，我们找来辩题之后让您选。”

“行，你们先找辩题去吧，多找些。”

于是，他们找了几十个辩题。看完这些辩题后我在想，我们教材里面有很多传记，有一些涉及名人对金钱的态度，可以选择这类辩题来辩一辩。于是我说：“就选‘金钱与道德是否可以并存’这个辩题。”

“行，那我们就选‘金钱与道德不可以并存’。”他们就收集材料去了，我也开始准备。

过一段时间，学生来找我：“老师，您准备好了吗？可以辩了吗？”

“和我辩，必须脱稿，你们准备好了吗？”

“没有。”

“再回去准备。”

学生们又准备去了。过了几天他们又来了。

“老师，我们准备好了。”

“我还有一个要求，你们用的论据，一定要把我们近阶段讲的人物传记中那些名人对于金钱和道德的看法的例子用上，如果没有用上，就继续回去准备。”

于是他们又回去准备了。

那段时间，我们班其他学科的老师都觉得特别惊讶，说：“你让学生干吗呢？课间的时候，他们都在那儿找材料，然后讨论，他们这是在干什么呢？”我说告诉他们：“要辩论呢！”

过一段时间学生又来了。

“老师，我们准备好了，也背过了，我们脱稿辩论，而且你说的要我们把所学的知识用上，我们也用上了。可以辩了吗？”

“可以了。”

我们就开始辩论了。一个人和七十多个人辩，一开始还是有序的，一个一个地和我辩论，后来就呈无序状态了，他们争先恐后地站起来。很快就到下课时间了，学生齐声说："老师，我们赢了！"我说："好吧！你们赢了，我也骄傲！"

通过这次辩论赛，我和学生真的打成了一片，学生从中有收获，而且觉得老师挺厉害——现在的学生，如果他真服你，你说什么就是什么；他不服你，你说什么也不听，跟你对着干，这就是教育中的一个真实的现象。和学生共同活动，不仅拉近了师生关系，极大地激发了学生的学习热情，还让我们师生共同享受了学习的乐趣，实现了共同成长。

4. **对抗语文**

这个故事，大家看一下标题可能就知道也是和语文有关的。但这个故事对其他学科的教师也有启发作用。其实，我的语文课上除了辩论赛、阅读分享等活动，还有一个活动，就是"每周美文推荐"——每周每个学生要推荐一篇自己认为好的文章给大家。语文学习，仅学教材里的几篇文章是不行的，语文教学应该是开放式的，生活即语文。所以，我尽可能地让他们多接触一些东西。

课前美文推荐活动已经持续了一段时间了，学生轮流推荐好的文章，上台诵读。这些文章可以是收集来的，也可以是自己写的，交流的效果都很好。

我们班有个学生特别有个性，他叫陈子昂，在美文推荐的时候，一上台就说："我今天带来两篇文章，你们想听哪一篇？其中一篇题目叫《对抗语文》。"

我一听，在我的语文课堂上推荐《对抗语文》，什么意思啊？

其他同学倒挺善解人意的，说不听《对抗语文》，但我知道他们嘴上说不听，其实心里特别想听，所以，这个时候我就举手示意。

"陈子昂，我想听《对抗语文》。"

听后我才知道，《对抗语文》是一篇关于《收获》杂志编辑部主任叶开和其女儿的文章。写这篇文章时，他女儿上小学三年级。他妻子是做语言文字工作的，他又是作家加编辑，所以女儿从小受的文化熏陶特别多，想法也特别多。在学校，他女儿的想法总是和老师给的答案不一样，老师就总是打压她。有一次上公开课，叶开作为知名人士也被邀请去了。在那次课堂上，叶开的女儿频频举起自己的小手，但是老师就是不让她回答问题。因为有那么多领导和各方的知名人士，她的答案异想天开怎么办？结果女儿很伤心，叶开很愤怒。我当时听的时候，脑子在迅速地转着：我该怎么办？因为从前美文推荐的时候，推荐完文章，我们都要交流、分享一下，我也要做个简单的评价的。这次，我说了在美文推荐活动上说得最长的一段话，我首先肯定了陈子昂的这种敢于质疑和敢于批判的精神。然后说："非常惭愧我也是一名语文教育者，也需要接受这样的批判，不可否认，当前的语文课堂、语文教育包括中国教育确实存在很多问题，值得我们教育者深刻反思，我也非常赞赏陈子昂同学的怀疑精神和批判精神，同学们在日渐长大，思想也在日趋成熟，这种敢于质疑的批判精神非常可贵。尤其在你们这个年龄里，你们也需要有一种敢于批判和质疑的精神，不能人云亦云，不能老师说什么就是什么，要有自己的观点和主见。但是——"我又接着说："但是，你们这个年龄，也不要单纯地去批判，或者光看社会的阴暗面，因为我觉得任何一件事情，要摧毁它很容易，但是建设不容易。所以我们不仅要做一个批判者、批评家，还要做一个建设者，只有你去建设它了，它才会一天天地变好。"

我当时也是有感而发的，因为我知道很多专家、名人都指责中国教育、指责中国高考、指责学校、指责教师，尤其指责语文教育，但能给出建设性意见的不多。所以，我也借机跟学生们说了一下我的想法。当我说完这些话的时候，学生们给了我热烈的掌声。

所以，我想对在座的各位老师说，不管你是不是教语文的，不管你觉得你的学校有多少问题、你所从事的教育有多少问题，你都要记住你所站立的位置，你怎样教育结果便怎样，你心中有光明，教育才不会黑暗。所以我作为一个小小的老师，就做我自己最能做好的事情就可以了，当你发现有一天你真的强大了，你的学校、中国的教育也会一天天变得更好。

5. **棒棒糖攻略**

我刚才提到的那个班，语文成绩一开始真的不好，甚至说很不好，怎么办？我就想了一个办法，给他们实施了一个“棒棒糖攻略”。什么叫“棒棒糖攻略”呢？

语文学得不好，我就给他们定了一个目标叫“摆脱后三”。每次考试我都给学生定目标，要问“下次考第几啊”？如果学生说“第一”，你肯定很高兴，但从后十名直接升到第一名显然是不可能的。所以，我们教师要比学生理智一些、聪明一些，于是我给他们定的目标是“摆脱后三”，还设了目标奖，摆脱“后三”之后有奖励，每人一根棒棒糖。口号是“你棒、我棒、大家棒！”有了目标奖、有了口号还不行，最重要的是要有目标攻略。我会用什么方法去实现这一点？语文成绩要提高，短时间内是很难的，但收到一点效果还是有可能的。你想要什么效果，要定得具体些。我是这样给他们定目标的：

“你下次考试不能出现空题，能不能做到？”

“能。”

“默写，就是针对当阶段的默写，拿满分，能做到吧？”

“能。”

“作文字数不低于八百字，不能因为书写扣分。”

“行。”

学生一看，嘿！目标这么低啊？当我问他们能不能实现时，他们都说：“能，能。”

结果下次考试，我们真的摆脱“后三”了。摆脱“后三”之后，下一个“棒棒糖攻略”又出来了，目标是“前五”，目标奖还是每人一根棒棒糖，口号是“你棒！我棒！92 棒！”当时那个班是 492 班，口号是要让学生有一个班集体的概念。这次的目标要长远一点点：第一，要利用好积累本、札记本和写字本（积累本是积累知识的，札记本是写阅读感悟的，写字本是练字的），培养良好的语文学习习惯，扭转知识落后的局面；第二，平时书写不过关者，组建成书写提高小组，组长由写字好的同学来担任；第三，坚持做好每周一问，营造良好的语文学习氛围。很多学生都觉得数学有问题、物理有问题时，就直接问老师、问同学。语文题，不知道什么叫不会，也不提问题，所以我要求他们要会发现问题，每周问一个问题就可以。学生要问问题的时候就想：我问什么呀？这会促使他去思考。我制作了一张每周一问统计表，把每个同学的名字都写上去，谁问了问题就在相应的位置画个勾或画个笑脸，到周六的时候我进行统计。你成绩可以不好，但是一周一定要问我一个问题。有的学生没有养成这个好习惯，到周六一看要统计名字，没办法了，得赶紧找我问去。因为有的时候我比较忙，他就追着我，满校园地跑，跑过去之后，问我一个很没有价值的问题。但是不管怎么样，他懂得去问了，他知道应该去完成一个目标、一个任务了，这就是一种成功。教育往往都是这样的，要润物细无声。所以，我觉得这个“棒棒糖攻略”，能让目标成功实现！

在一次全体教职工大会上，我跟其他老师提到了“棒棒糖攻略”：“我们班级的进步是怎么来的呢？是我自己花钱买来的，因为我要给学生买棒棒糖。专门在什么时候吃？在我的语文课上吃，以此让他们体验通过努力所换来收获的那种成就感！”

“棒棒糖攻略”也好，其他方法也好，就是想告诉大家遇到问题要动脑筋想办法。有的时候我们总觉得困难很多，但是方法总比困难多，你想出方法来之后，自然能去改变现状。

6. 老师你的要求没有用

这是近期刚发生的一件事。

有一天下课后，我校一位青年教师特别气愤地来找我，告诉我：“信老师，我特别生气。”我问：“为什么呀？”

“我的学生公然在语文课上做其他学科的作业。”

“你怎么处理的？”

“我把他撵出教室了。”

我说如果是我，我就会让他继续做。但这位青年教师和我说：“信老师，我没有你这样宽容的心，我容忍不了。”青年教师特别希望在学生面前树立尊严——你伤到我的尊严了，所以我要惩罚你。

但我们要明白，你给他人尊严你才有尊严，如果你把他撵出教室，让他尊严扫地的话，那你也绝对是没有尊严的。从事教育工作，会遇到很多事情，需要我们多用心去多思考，以做得更好。

一位记者在进入我们学校之后很感慨，他说：“我相信每一位到过衡水中学的人，都会被弥漫在整个校园中的一种看不见的、但分明可以触摸到的东西所感染，它无法量化但可以感知，它无声无形但有着震撼人心的力量，它就是衡水中学特有的一种精神、一种生态。正是这种精神和生态，使衡水中学在发育的最关键时期，获得了最丰富的营养，找到了自我发展动力之源。我要说，衡水中学取得‘令人恐怖’的高考成绩的背后力量是什么？我觉得是一种精神，是一种生态。”

我带过的410班，这个班当年就出版了自己的班级日志《花开的声音——衡水中学410班成长日志》。这个班毕业不到几个月就又出版了一本书，叫《那些花儿——410班走出衡中忆衡中》。出版这本书，是我在他们毕业聚会的时候给他们定的任务，我说：“你们都考上理想的大学了，但是人生不能仅限于此，这只是一个阶段的开始，绝不是结束。”我不想在这些学生的生命成长当中成为一名过客，我想继续影响他们。因此，聚会的时候我说：“在衡水中学的时候我们不是出版了《花开的声音——衡水中学410班成长日志》吗？二十年或三十年之后，老师想再做一件和你们相关的事情，就是出版一本书叫《那些花儿——410班走出衡中忆衡中》，我要看你们这些花儿到底开得怎么样。”结果在他们毕业还不到半年的时候，班长就给我打电话说：“老师，我们想提前出版《那些花儿——410班走出衡中忆衡中》。”

“为什么？”我问。

“当我们走出衡水中学的时候，我们才知道衡水中学给了我们什么。我们想把它留下来，留给自己的青春，留给母校衡水中学、留给学弟学妹们。”班长告诉我。

我觉得他们已经开始有了传承的意识，想留给自己、留给母校、留给未经历高考的学弟学妹们一些东西。即将就读斯坦福大学的张驰在《那些花儿——410班走出衡中忆衡中》中写道：

即使在火车抵达上海的时候，我依旧相信大学是个轻松的乐园，我们在12年的艰难漫渡之后终于找到了自由的乐土。遗憾的是，这只是我们聊以自慰的谎言罢了。因为当你来到这里，你就会不自觉地想起衡水中学。原因很简单，那些年我们从衡水中学带走了其他人永远不会有的一种精神，或者说一种信仰。

我觉得这样的教育才是最好的教育。我相信每一个刚刚走上工作岗位的老师，一开始都有一个教育梦，但是现实是很残酷的，慢慢地就把你的梦想给磨掉了。我曾经做过一个报告，当时大家云集，但我的题目是最大的，报告题目是“行走在成为教育家的道路上”。因为我觉得当前中国的教育家太少了，虽然我可能永远成不了教育家，但我可以行走在成为教育家的道路上，也许终有一天，我会行走成一道亮丽的风景！

报告回响

在故事中感悟教育的真谛

钟惠河

教育界流行着这样一句话：没有升学率过不了今天，只有升学率过不了明天。事实的确如此，学生考不好，素质教育搞得再好，家长都是不认可的；可是，如果纯粹搞“题海战术”的应试教育，虽然一时有可能取得好成绩，但是这样得来的成绩绝对不会持久。有多少曾经创造过“高考神话”的学校没过几年便泯然无闻了，而衡水中学是个例外。17年来，衡水中学的升学率不断地攀升、不断地刷新自己所创造的纪录，2016年，衡水中学的高考升学率又一次创造了令人惊叹的奇迹，取得河北省高考成绩“十七连冠”。这一现象的背后一定有符合教育科学规律的要素在里面，绝对不是简单地冠以“高考工厂”的帽子可以解释得了的。

据说，最近全国各地有很多学校要去该校参观学习，均被婉言谢绝：除了承办全国性的教育研讨活动外，该校一般不单独接待参观学习。这又让人陡然再增几分钦佩之情，能在获得如此之大的成功之后，安之若素，保持一份宁静，实属不易，也十分罕见。

虽不能至，心向往之。一探衡水中学高升学率的奥秘，一直是教育界同人挥之不去的情结。因此，我们在分享信老师教育经验的同时，企望能在信老师的故事中，以管窥天，探寻衡水中学持续发展的不竭动力，去感悟教育的真谛。

先有父母心，再做教书人

“没有爱就没有教育。”这是一句耳熟能详的教育名言。信老师说，衡水中学有一个理念，就是“先有父母心，再做教书人”。这句话说得太好了。这样一来，老师对学生的爱就有了参照物，让博大的师爱有了落地的支点，更易于自觉地践行。什么是父母心？就是对孩子取得的每一点滴的进步，总是引以为豪；就是孩子再不好，做父母的也都不离不弃，总是相信他有变好的一天；就是对于兄弟姐妹中的弱者，做父母的总是给予特别的呵护……总之，就是把孩子当作自己生命中的一部分，看作自己生命的延续和发展。如果我们能真正地做到像父母对待孩子那样对待学生，那么，师生关系将会被重新定义，教育的生态也将随之改变，教育教学也将进入一个崭新的境界。

在成人礼活动中，为了让三个没有收到家长祝福信的学生不致感到失落与伤心，她及时“补位”，替家长给学生写信，不但抚慰了学生的心灵，还在学生的心里种下了感恩的种子；在分到“刺儿头”学生后，在诚心诚意地帮学生纠正不良习惯，却遭到近乎冷酷无情的回应时，她仍然不愠不怒，依然关照如旧；当一个家在外地的学生因生病而感到伤感和无助时，在寒风习习的深夜里，她的出现给学生带来了无比的温暖……无怪乎她带过的学生把班级称作“家”，在信里、日记里，都称她为“信妈”，在她遇到生活变故时，学生安慰她“如果全世界约定下雨，就让我们约好在心里放晴”！她所付出的艰辛和汗水，也得到了学生深情的回应，在这个意义上，教师与学生的关系已经超越了一般意义的师生关系，而是一种深入心灵的人与人之间的相互关照了。

在我们的思想意识里，总是习惯于把学校生活窄化为学习生活。其实，如果我们跳出惯有思维，从人生的整个过程看，就会发现学校生活也是一个人生命成长历程的一部分，一个重要的组成部分。这几年，不只是学习文化知识的重要时期，更是塑造心灵、形成人生观和价值观的关键时期，它将影响学生的一生。在这个过程中，如果能有一个好老师的陪伴，该是一件多么幸运的事啊，在信老师的故事里，我们强烈地感受到她一直在用心、用情、用生命、用智慧经营着她和学生共同的“家”，用父母般的情怀对待每一个学生，严而有爱，慈而有度，严慈相得益彰，让学生在前行的路上一直沐浴着温暖的阳光。

给时光以生命，而不是给生命以时光

这是从信老师展示的照片上看到的、写在教室里的一条标语。

衡水中学的作息时间表也是网上议论最多的焦点之一。其作息时间表上，从早上 5:30 起床到晚上 10:10 熄灯睡觉，都做了详细的安排，时间精确到分钟。其实把衡中的作息时间和其他学校的对比一下，至少有三方面值得肯定：一是充分保证了学生的睡眠时间，晚上有 7 个多小时的睡眠时间，中午又有 1 小时的午休，这是非常难得的；二是符合人的生理规律，因为坚持早睡早起，可以令人神清气爽、精力充沛，适当午睡对于减轻学生身心疲惫、增强学习效率非常有益，如果总是熬夜，轻则影响第二天的学习，重则影响身体健康；三是有利于学生养成良好的生活习惯和学习习惯。但对于高中生来说，如何在学校规定的时间内完成学习任务呢？我也一直感到很困惑。但是，在看到“给时光以生命，而不是给生命以时光”这条标语的那一刻，我似乎一下子理解了：在有限的时间里高效地做事！也许这就是衡水中学的学生每天都在争分夺秒地学习的原因了。

反观我们当下的现实，各种信息铺天盖地，令人目不暇接，人们深陷于一些毫无价值的讯息中无法自拔，浪费了大量的时间，在蹉跎中耗费了生命。而在衡水中学，除了国家规定的课程外，还有许多活动和100多门校本课程，每一项活动他们都做到了极致，赋予其丰富的教育内涵，承载着衡水中学“追求卓越、臻于至善”的教育理念。不但没有因此而影响学生的学习，还激发了学生的生命活力，使他们终生难忘。作息时间的安排就是“给时光以生命”的具体化行为，就是让学生在有限的时间里做一些有价值的事情，用有价值的学习活动赋予时间以意义，同时也养成良好的生活习惯，这样才能让学生终身受益。

我所站立的地方就是语文教育

在信老师毫无思想准备的情况下，陈子昂同学分享了《对抗语文》这篇文章，信老师顺势而为，抓住这一教育契机，即时点评，让学生对语文、对当下教育有了正确的认识。

虽然信老师没有直接谈到衡水中学的教学改革，但是，我们从她的故事里随处可以见到学校语文教育改革的影子：中秋赏月、吃月饼在她这里变成了以“月亮”为主题的诗歌会，背诗、吟诗、唱歌，甚至有学生受现场情境的感染而现场作诗；“信手拈来”的美文推荐，成为学生既紧张又期待的阅读分享，既拓展了学生的阅读面，又培养了学生的独立思维和批判精神；一场特殊的辩论赛成了最生动的语文实践课，选辩题、准备材料、用上所学的知识还得脱稿辩论，学生乐此不疲、兴趣盎然！这不就是我们所追求的教育境界吗？

面对较为落后的成绩，信老师同样也有其独特的方法——棒棒糖攻略。定小目标，让学生快步走。从“不出现空题”“不因书写扣分”这样的小目标，到“每周一问”这一创意之举，让学生感到提高成绩并非是十分困难的事，把学生不知不觉地引到语文学习之路上来。

从信老师的故事里，我们感到她既是一位运筹帷幄的战略家，又是一位机智灵活的指挥官，有宏观的理念又有细致的策略。她所讲的这些，只是平时班主任工作和语文教学的冰山一角，但足以让我们举一反三、受益匪浅了。

听了信老师的报告，我体会到“逆风的方向，更适合飞翔”所传达出的一种强大的自信力，让人心潮澎湃。信老师始终用“追求卓越”的精神激励学生，喊出“人在普通，心在巅峰”的口号，对学生“以一对九挑战”的勇气给予充分鼓励，极大地激发了学生的潜能，把一次次看似不可能实现的目标变成了现实，让学生用不懈的奋斗谱写了无悔的青春之歌。难怪多年以后，他们在集会上齐唱班歌时，仍然激动得泪流满面——这是成功与幸福的泪水！

为师如此，何憾之有！

报告回响

生命教育的博大情怀

张传忠

河北省特级教师、语文学科名师信金焕老师热情洋溢的以“教育情怀与生命成长”为主题的专题报告，带给我们的感受是震惊、震撼与感动，让我们收获的是教育的智慧与幸福。

一开始，信老师就以幽默诙谐的话语拉近与700多位教师的距离，谦虚地说自己只是一位普普通通的语文教师和班主任，而不是大家瞩目、羡慕的教育专家。作为一名语文教师，信老师以高雅的谈吐、清晰的思维，以及一个个生动翔实的案例将自己20年的教学生活和近10年班主任管理的经验，和与会的老师们做了分享。信老师和我们分享了至真至诚的教育故事，倡导每一位老师都要做一名生命的守望者，做仁者型、智慧型、管理型教师，拒绝空谈，崇尚实干，从而实现生命的提升。她的“人在普通，心在巅峰”的阳光心态、“棒棒糖攻略”的独特教学策略、物化易逝青春的独创精神，让与会教师深受震撼和启迪。

从开始担任班主任时，她就树立了“赏识教育、尊重教育”的教育理念。她常说：“先有父母心，再做教书人。”教师要为学生的终身幸福负责，她是这么说的，也是这么做的。在一个中秋节的晚上，她和学生一起赏月，吟诗唱歌，其乐融融。在学生成人仪式上，她代三名家长给学生写信直到凌晨三点，让这三名学生收获了意想不到的感动和幸福。对一个令人头疼的所谓差生，她从生活的点滴去关心、帮助他，最终感化了这颗冻结的心。在自己的一位亲人因病离世，遭受痛失亲人的打击后，她掩饰自己的悲伤心情，流着泪和学生一起歌唱励志的班歌《倔强》，让学生感受到老师的坦诚和真实……用付出去点燃希望，用爱去升华爱，她帮助学生走出青春期的困惑和生活学习上的困难，被学生亲切地称为“信妈妈”。

讲座中她字字珠玑，含英咀华，让人不得不佩服其流利的口才、深厚的文学修养、娴熟的教育技巧以及独到的教育智慧，更让人深深读懂其教育无痕的博大情怀。她所遵循的“教育即生活”“教育即生命”的理念深深触动着每位听众，教育即用一个生命去熏陶感化每个纯真的生命，引导他们寻找真善美的真谛，追求生命的意义。从这点来说，这是一种暖心的教育，一种教育智者的大爱，因此她才带领410班在高考中创造了神话般的成绩：该班71名学生在2012年高考中，平均659分，全部升入重点大学；有11人考上清华大学，2人进入北京大学，13人进入上海交通大学，有1人获国际生物奥赛金牌！这傲人的成绩是对信老师教育教学方法效果的最佳证明。

衡水中学以其连续十几年高居榜首的高考成绩，迅速凝聚成无法复制的超级中学。瞩目的高考成绩背后，衡水中学也接受着不同的声音和解读，推崇、质疑、争议蜂拥而至，孰是孰非，孰轻孰重，不断叩问着每位教育工作者的心，不断交替缠绕着每位家长的情怀。而信老师给我们展现的是一位语文老师的教育智慧与雕饰无痕的教育情怀，刷新着我们对衡水中学的成见，更让我们反观自己的教育，反思高考制度改革与教学改革。

信老师讲如何激发学生的求知欲，“授人以渔，不如授人以欲”值得我们深思。她在语文教学中推行的每周美文推荐、阅读分享课、特殊辩论会、语文对抗赛、中秋赏月吟诗唱歌活动等，都让我们感受到语文外延的生活化、语文教学的艺术魅力、语文教学可以有趣有为。

她以创设特色班会唤醒学生心灵，以主题活动提升学生的幸福指数，用真爱诠释了“尊重的教育”。讲座中她与大家分享了班级和学生管理方法上的一些心得，如“绑腿比赛”“棒棒糖攻略”“特殊辩论赛”“信手拈来活动”等，每一项都是针对班级学生的实际情况有的放矢地举行，每一次都是为了引爆学生的能量和引出学生的潜能。正如她所说的，“教育的魅力在于把一切不可能变成可能”，我们看到的是生命教育者的睿智和良苦用心，收获的是心灵上的震撼与感动。她全身心地投入教育教学，用自己独特的教育智慧滋润学生的心田，师生共同的心血凝聚成一部著作《花开的声音——衡水中学410班成长日志》，展现出71位学生高中三年难忘的心路历程。而其教育智慧真实质朴，教育无痕，犹可让人高山仰止，景行行止。8年来她精心准备了300多次班会，积累了几百个课件，数十本德育素材。每次班会都让学生得到心灵的洗礼。

信老师的讲座，图文并茂，给人一种心灵的享受和启迪，三个多小时的讲座，会场始终座无虚席、井然有序，会议中心的过道都坐满了人，阵阵热烈的掌声和感动的泪水是对她精彩演讲的最好回应。整个下午，大家用心聆听，沉浸在爱的教育智慧中。

下午6时半，回家的路上，雨后的空气格外清新，田野散发着成熟季节特有的芬芳，沉甸甸的金黄稻穗随风摇曳着，在晚霞中闪着金光，远处大雾山的霞光夕照格外美丽，这是田野里最美的风景。而这场教育讲座，也给我们呈现出教育中最美的风景。作为教师，我们也在不断反思中实践，精耕细作，期待花开，期待果实芬芳的收获。不忘初心，方得始终。只有用心耕耘，耐心培植，爱心守候，才能等到花开。

读《论语》，打造精神特区

名师简介

张斌利，中学语文高级教师，河北省骨干校长，河北省教育干部管理学院客座教授，唐山市管专家，唐山师范学院中文系客座教授，唐山市幸福教育学会会长。此外，他还是中国细节教育第一人、自控力进校园第一人、聊书会创始人、国家二级心理咨询师、国家家庭教育高级指导师。2009 年被《中国教育报》评为年度校长，2016 年当选全国推动读书十大人物。在任河北省岔河中学校长期间，打造“岔河现象”，缔造了教育界的“精神特区”。任河北丰润车轴山中学校长期间，仅用两年多时间，就让一所百年老校焕发出生机。现任山西省介休市第一中学校长。多年来积淀了 100 余万字关于人生、教育的感悟，现已出版 27 万字的专著《一个校长眼中的世界》。

今天我跟大家分享交流的报告题目是“读《论语》，打造精神特区”，主要是讲读了《论语》后对我人生的改变，以及由此带来的学校的改变。

一、从“岔河现象”说起

从哪里说起呢？先从我任岔河中学校长时来我校参观的老师的哭说起吧。吉林省吉化第六中学组织老师分期分批到我们学校来参观，有两位女老师是最后一批。据说，这两位老师是非常挑剔的。到我们学校后，下课时，楼道里没有学生们打闹的声响，她们不奇怪；用餐的时候，400 人在餐厅里同时用餐非常安静，她们也不奇怪。但是，在餐厅中，第一批孩子吃完以后去刷碗（我们学校的餐厅里是不设垃圾桶的），在学生刷碗的过程中，两位老师来到洗碗池一看——那一天吃的是米饭，洗碗池里竟没有一粒米。看到这个场景，两位老师当时就哭了。还有一次，天津某校的一位校车司机载老师来参观，中午吃饭的时候，也看到这个场景，当场眼睛就湿润了。这一哭，其他老师也哭了，情绪是能传染的，当时我也很脆弱，眼泪也掉下来了。原因是什么？是这些一下子勾起了我对我们这所学校的回忆。

过去，这所学校打架斗殴的事经常发生，老师的人身安全也常受到威胁。

大家听到这些可能觉得不可思议：学校怎么还有这样的事情发生？可这的确是真的，过去发生过不少这样的事件。从过去的那种情况到现在称为“岔河现象”的“七无”，这中间有非常大的变化。这“七无”现象包括下课楼道无声响、校园墙壁无脚印、实验台上无涂鸦、课间跑步无队行、考试无教师监场、超市无师生看管、洗碗池里无米粒。

那时候，我们学校的墙壁没有贴瓷砖，都是刷涂料的。2008 年，时任教育部副总督学的郭福昌先生到我们学校考察，我非常自豪地跟他说：“郭老您看，我们学校从 2004 年并校到现在，4 年内没有刷过墙，但是墙壁上一个脚印都没有。”我还可以非常自豪地跟大家说，岔河中学一直到2012年年底都没刷过墙，墙壁上也找不到脚印。

新教学楼的一间教室里放着一张老实验台，从2004年一直用到2012年年底我们搬到新校区。搬到新校区以后，实验台已经全部换成新的了，但是老实验台舍不得扔，那干什么用呢？我们就把这张用了8年的实验台放到了一间教室里，陈列在里面，使之成了学校一门校本课程的一部分。每年新生入学的时候，我们就组织新生去参观学习，告诉他们："这是你的学长学姐用了8年的实验台，你们找找，看看有没有人为损坏的地方？"我们就是采用这种方式，用这个实验台去进行新生入学教育的。

最让人感动的就是我们的考试没有老师监场。我们是一个普普通通的、偏僻的乡村中学，但是我们考试不用老师监场，这一点是让我们引以为豪的。

还有就是超市没有师生看管。2012年底，我们学校搬到了郊外，学生们买日常生活用品特别不方便，因为郊外没有超市、商场等。在这种情况下，我们就在教学楼一楼、二楼、三楼、四楼全部摆上了货架，货架分一元区、二元区、三元区、五元区。摆好以后，学生可以自动取，取完之后自动投币。我们开了三年超市，没丢过一次东西。仅仅有一次，也就是开超市第二周的周三，发生了一起账目核对不上的事件。那一天，放学以后，八年级的主任和负责超市的老师到我的办公室（因为是二层发生的事，二层是八年级的班级所在），着急地说：

"校长，出事了！"

"出什么事了？"

"超市少了4.5元的东西。"

我说，这个事不能声张。

然后，我就一直在思考：如何让这件坏事变成一件好事？于是，我准备开一个有关诚信的校会。我准备了大量的资料，准备跟学生讲有关诚信的故事、哲学，开一堂关于诚信的活动课。但是周五放学以后，还是那位老师，气喘吁吁地跑到我的办公室，我一看她的表情，就知道又出事了：

“又出事了?”

“校长，超市里多了5元钱。”她非常兴奋地跟我说。

苦心准备两天的校会内容全部被推翻了。在第二周周一的校会上，我跟学生说：“孩子们，记住，你需要的话，如果你没钱，也可以去拿这些物品。你今天拿明天还，是我们的好学生；你今天拿下周还，仍然是我们的好学生；你今天拿毕业前还，仍然是我们的好学生!”自此，学校一直到现在都没有发生过核对不上账目的事。可能有的老师要关心另外一个问题：开超市挣钱不?挣钱。我们的账目是公开的，因为很多学生家里就是开超市的，就算不公开学生也大概知道学校能挣多少钱。我们让学生自己进货，自己监督；卖货后，每个月清点一次，清点以后就把账目公开。超市挣的钱干什么用呢?除了用于学生搞活动外，还用于阴天下雨、刮大风下大雪时，让所有的学生免费在学校用午餐，不用回家。开超市的那一天，我领着全体老师举手宣誓：取之于生用之于生，不动一分钱。学生看到这个场景以后，在学生会主席的带领下，也举手宣誓。

我们学校的“七无”被中国教育界称为“岔河现象”。“岔河现象”被报道以后，在教育界引起了很大反响。

二、我的人生轨迹

在《中国教育报》对我们学校进行报道以后，内蒙古有一位校长找到我，说：“张校长，你给我们做一场报告吧，要把你自己和这所学校的发展连在一起说。”

我说：“这我不敢答应你，我向来没有把我自己的人生经历公开过。”

“你一定要说，你的人生经历肯定是和学校发展连在一起的。”

我第一次做了一场不叫报告的报告。我在第10次汇报自己的人生经历和学校发展的时候，才把心结打开。因为我过去的历史是不堪回首的。是读书改变了我的命运，改变了我的人生轨迹。因为一个人不读书就会很肤浅，“轻则失根”；一个人不读书就会变得很浮躁，“躁则失君”。书中的营养被你吸收并内化成自己的血液，你就会真正改变，你就跟以前不一样了。这样，你的命运也会改变。

今天在座的老师大部分也是家长，我特别提出一个自己的观点：开卷未必有益。为什么呢？我上小学期间接触的基本是《大刀记》这类文学作品；后来，我开始读《水浒传》，以后又读《三侠五义》。这就是我以前的人生底色。大家想，读着《大刀记》《水浒传》《三侠五义》这些书长大的人，他会有怎样的性格呢？“大刀向鬼子们头上砍去”“该出手时就出手”……他会充满了侠客思想。

你们可能要说，像你这类人——充满侠客思想的人，肯定学不进去，那你是如何考上师范学校的？因为我的身高是一米八，而且我的胳膊特别长，于是我被招到地区排球队了。1984 年，我从地区排球队被特招到昌黎师范学校（2002 年与秦皇岛教育学院合并，后又并入河北科技师范学院）。当时我们那个地区，能读师范学校的都是各县区的“尖子生”，而我插入了他们中间，那境遇可想而知。我们班 21 个男生、21 个女生，三年考试中我的成绩总稳居在第 42 名。当时我们有一个数学老师，是个女老师，有一次考完试，她说：“咱们班有个学生，怎么说他呀……”下半句她没说。现在想想这位女老师对我这个体育生的要求真有点苛刻啊。当时我心里是很苦恼的，艰难地熬过 3 年以后，就稀里糊涂地毕业了。

毕业以后回到家乡唐山当了老师。我们那里的民风有点彪悍，我还因此惹了一些麻烦，离开学校一段时间。后来事情得以解决，我又回到了学校。

过了不久，一位教语文的女老师休产假了，缺了一位语文老师，校长就让我教语文。大家知道，我是教体育的，之前没有好好地学习文化知识，现在却要让我来教语文，我真的感到很为难，但还是服从了。

于是，我就拿起了语文书，一边学一边教。没想到的是（就连我们校长也没有想到），每次考试我教的班级语文成绩在我们全镇第二的时候少，几乎都是第一。原因是什么呢？我教语文的时候，就对学生说：“明天同学们都把这段课文背下来。”我把这个作业布置完以后，不用再说第二句，同学们都赶紧背书。让我特别感动的是，我们班有一个智商特别低的学生，第二天让他背课文的时候，他鼻子尖冒汗，吭吭哧哧竟也可以背下几句来。考试后，我们班的成绩出乎意料的好。语文教学取得好成绩，不代表我就此故步自封。我深知在文化素养上，我还要继续提高，提高的途径是什么呢？读书。

三、我的《论语》人生

2002年暑假，我去参加了一个培训。一位教授在讲课中提到了《论语》，于是回来后我就开始读《论语》了。一个从小没有真正好好学习过的人拿着《论语》读，你们想想，那有多难受啊！那是夏天，十分炎热，我读着读着就烦了，拿起书“唰”地扔了出去。书扔出去以后，我爱人在旁边问我：“你跟谁耍脾气呢？”我说：“现在跟你没关系，如果你再说两句，就跟你有关系了啊。”（大家笑）我知道大家为什么乐，但是我现在不会这样了，这就是读书前跟读书后人的修养的差别。我读不明白，就把《论语》抄了一遍；抄了一遍还不明白，就把《论语》译文又抄了一遍；还不明白，我开始就《论语》内容逐条写感想。有一天我突然间意识到，《论语》里面蕴藏着大智慧，包含着教育的真谛。

1. 什么是好学

《论语》中有一句话：“入则孝，出则悌，谨而信，泛爱众，而亲仁。有余力，则学文。”你们看，这就是教育的顺序，由近及远，由里而外。这个教育顺序让我一下子想到，我们做教育应该从哪里入手。我毫不夸张地跟大家说，我1999年当校长，2007年开始研究教学，也就是在这时候我才开始思考教育的顺序。

我们看学习的内容。

鲁哀公问孔子：“弟子孰为好学？”孔子对曰：“有颜回者好学，不迁怒，不贰过。”“不迁怒”这是达到哪一种境界了？不因为你们夫妻生气，进教室你就跟学生发脾气，这叫“不迁怒”；“不贰过”是不犯别人犯过的错误，不重复犯自己犯过的错误。做到这两点就叫好学。“君子食无求饱，居无求安，敏于事而慎于言，就有道而正焉，可谓好学也已。”你看看这几段话一再出现什么是好学，这跟我们现在意义的“好学”是截然不同的。也就是说当我们真正地懂得了什么是“好学”，什么是真正的教育的时候，我们就抓住了教育根本。

“君子务本，本立而道生”，如果大家对这个还有异议的话，你可以看，“柴也愚，参也鲁，师也辟，由也喭。”高柴愚笨，曾参反应迟钝，颛孙师偏激，仲由莽撞、好打架。

你们看这四个孩子，不是愚笨，就是死心眼，还有爱打架的，各有所偏。这四个学生你喜欢哪一个？当校长分班的时候把这些学生都分到你的班级里去，你会怎么办呢？但是，孔子三千弟子贤者七十二，他们也是跻身于贤者之列的。由此可见，当我们不拿分数衡量学生的时候，那我们老师的职业幸福就会来到，当我们秉承这种教育理念的时候，我们的教育就会是幸福的。

2. 品德好也是一种能力

我们学校有一个故事，叫“21分的快乐”。有一天老师们在阅卷，工作接近尾声的时候，我走进了办公室。刚刚踏进办公室，五年级的李老师就招呼我：“校长，校长，你过来，你过来。”

“什么事?”我问。

“你看看，杨振华考了21分。”他说这话的时候眼睛是放光的，然后眉飞色舞地翻过那份试卷，“哎呀！校长你看看，杨振华知道什么和什么相等了。”杨振华的父亲是个聋哑人，母亲智力有些问题，孩子的智力不高。他们班级的数学平均分是77分，杨振华仅考了21分，可我们的老师对此很高兴。假如单纯拿分数衡量学生的话，这个故事肯定会发生改变，那老师的语气会变成什么样的呢？怒气冲冲——“校长，你过来，我们班平均分77分，杨振华这个孩子才考了21分，告诉你啊校长，算分的时候杨振华不能算在里头。”会不会这样另眼看待一些学生呢？

学生刘青云

右图中这个孩子的名字叫刘青云。现在很多学校墙上挂的都是名人画像，但我们学校楼道最明显的地方挂的是他的照片。他是从我们学校毕业的学生，论考试成绩他差得一塌糊涂。当时，因为学校调整，另外一所中学并入了岔河中学。两所学校合并的时候，这个学生也被并过来了，当时他说了一句话："我学习不好，但我品德好。"他组建校园乐队，招人有一个前提条件，就是学习成绩不好无所谓，但品德必须好。这样的学生团体带来的肯定是正面的影响，可以说在改变学校的校风方面，他立下了汗马功劳。他毕业以后，应聘武装押运员，记得我们学校有 4 个学生一起去应聘。大家可能想不到，一个月以后，这个学习成绩最差的学生当了武装押运组的组长。品德好，就是他人生的优势之一。

每年开学的第一天，我们就让学生站在刘青云的照片前，给学生讲刘青云的故事，而且每一年都要评选"刘青云式"的学生。同时，我还想告诉大家，刘青云的照片旁边挂的是我们学校的另一名毕业生，后来考取了清华大学博士。这都是我们所谓的有出息的孩子。我经常想，我们教育的最大功德是什么？我认为我们教育的最大功德，就是改变学校的校风、当地的民风，因为现在的校风，就是未来的民风！我做了个调查，在 2009 年以前，我们那个地区青少年犯罪率特别高，2009 年以后一直到现在，我们当地的青少年犯罪率几乎是零。我感到教育工作的真正意义就在这里！

3. **超越常规的分数**

还有一次，老师也是在阅卷，工作接近尾声的时候我去检查。有 4 位语文老师，正在一起看一篇作文。一位女老师看到我来了，就喊：

"校长，过来看看！"

"什么事？"我问。

"你看看这篇作文……"那位老师的面部表情让我产生了误会，以为又出什么坏事了。但是我一看这个作文，哎呀！我真的是特别激动，为什么呢？因为这篇学生作文记录了我们学校的一次活动，他的作文显然不是抄袭的，语言流畅、构思精巧，把我们学校这项活动的意义挖掘得也特别深刻。这时，4 位语文老师不约而同地问我：“校长，给多少分呢?”

“总分多少啊?”我问。

“总分 40 分。”

“那给这个学生 50 分。”一听我这么说，老师们把眼都瞪得圆圆的。

“校长，总分 40 分，您给他 50 分?”其他老师也惊讶得放下手中的笔。我就让大家停止阅卷，全部到会议室开会，向大家宣布：“今天这些试卷只要是出乎你意料之外的，一律加分。”副校长就问：“校长，全区统一的满分 100 分的试卷，还让上报分数呢，你这样怎么报啊?”

“你给谁办教育呢? 你不是给老百姓办的教育吗? ‘人民满意的教育’这句话怎么理解啊?”我说。大家想想，过年的时候，学生拿着这张试卷，多得意啊！100 分的卷子可以考出 110 分来！他们多高兴，自信心能提高多少倍?

4. 收藏学生的人生精彩

我们学校有个收藏试卷的活动。有的学生仅仅得了 60 分，但是他试卷也盖上了“收藏”两字，为什么呢? 因为他是全校唯一一个用最巧妙的方法解题的。尽管他只考了 60 分，但这个章一盖，可能就把学生的学习热情、学习信心全部点燃了。我们还给学生发了收藏证书。收藏这张试卷还有什么作用呢? 它既可以作为我们教育的资源，也可以作为我们教学的资源，当下一年再教到这个知识点的时候，老师可以举出当年哪个学生用最巧妙的方法解出这个知识点、理解这个知识点。这点是最重要的！也就是说教育要是到位了，就可以降低教学成本。

5. 儒家“五美”的智慧

我读《论语》，就用《论语》中的思想去管理，去实施教育教学。《论语》里面有一句话：“诵诗三百，授之以政，不达；使于四方，不能专对；虽多，亦奚以为。”意思是说，读熟了《诗经》三百篇，把政务交给他却不能完成，派他出使别国却不能独立应付。书虽然读得多，又有什么用处呢？

我今天给大家讲讲我是如何运用儒家“五美”进行管理的。儒家“五美”指的是“君子惠而不费，劳而不怨，欲而不贪，泰而不骄，威而不猛”。

“惠而不费”就是给别人实惠，而不耗费自己的东西。然而在现实中，我们有很多人可能帮助了别人最后却让自己身心疲惫。

我给大家举个例子。有一年，我们区教育局要把一位老师树立为教育系统学习的先进典型，在《河北日报》上给他做了个整版的报道，大力倡导向这位老师学习。我是第一个站出来反对的，原因是什么呢？这位老师就在他们的村小任教，这个学校距离他家不足一千米，但是这位老师常年不回家，整天在学校里和学生在一起。家里有老婆、孩子，由于这位老师常年不回家，最后妻子跟他离了婚，家庭都没了，这样的典型值得提倡吗？我对领导说：“局长，如果咱们老师都这么疯狂地工作，咱们地区会乱了的。”这样“惠而费”，而且是耗费太多的奉献，是不值得提倡的。

我们学校，绝对禁止老师间的恶意竞争。当某一个班的某科成绩考得特别高的时候，我就会问科任老师：“你这科学生为什么考这么高啊？”

我们这个地区，我们这所学校，都曾经发生过这样的悲剧，个别老师教的学生的学科成绩特别好，但是考上重点高中的一个也没有。原因是什么呢？就是他想尽办法让学生把时间都用在他这个学科上，导致学生把别的学科都荒废了。其实，这种老师是极端自私的。教师这个职业是强调合作的职业，你别感到你所教学科的成绩高了就光荣。你的成绩高了，我还会问你为什么能考这么高，我问的意思是你这成绩里面有没有“科技含量”。如果你的成绩高却没有“科技含量”，那你就是占用了学生大量学习其他科目的时间，我们禁止老师们的这种自私行为。

有一天，学校开运动会，因为比赛的事，两位老师当着学生的面争得面红耳赤，言辞还非常激烈。我向他们走去，老师们看见我来了，都悄悄“撤退”了。第二天开总结会，我就在黑板上写下“君子无所争。必也射乎！揖让而升，下而饮。其争也君子”。意思是，君子没有可争夺的事情。如果有所争，一定是比赛射箭吧！不过在射箭的时候，要作揖辞让后才登上台阶，下台阶后又要共同饮酒，这种竞赛活动才不失君子风范。君子不争不等于没有尊严。因此，我必须跟老师们说说什么是“君子之争”。开会之前，我让老师读了《论语》中的这段话，再解释了一下。读完以后，我就看到这两位老师，你看看我，我看看你，马上心领神会，最终相视一笑，所有的矛盾都没有了。

还有就是“劳而不怨”。意思就是让他做事，但是又不让他产生怨气。我是怎么做的呢？

有一次，我到上海一所著名的小学去考察，校长给我们介绍他们学校的经验，他说：“每一年我都问责，向老师们问责：你为这所小学做了什么？第一年你回答不出来，可以把你的人事关系放到人才市场。第二年你再回答不出来，就从人才市场把给你注销了，你就不是这所小学的老师了。”这搞得老师们特别紧张，我私下里问这所学校的老师幸福不幸福，老师们却什么也不说。

我感觉一所学校如果老师不幸福，这所学校是不成功的，不能称为真正的名校。我们每一年也“问责”所有的老师：在岔河中学的这一年里，你成长了没有？我们要求老师每一年的总结，字数不得低于3500字，可是我们有的老师洋洋洒洒写一万多字，因为回顾自己的成长他是快乐的。这一年我读了多少本书？我写了多少文字？我遇到了哪些教育问题？在下一年我要解决哪些问题？老师们回顾这些问题的时候，回顾跟学生相处的那些画面的时候，心情都特别激动、愉快。我们老师写的过程就是一种享受的过程，所以能够洋洋洒洒地写一万多字。

我们学校搬入新的校园，新校园的外显文化一片空白，因为我们没有钱做。可是，经常有全国各地的老师到我们学校来参观，没钱也得做啊。于是，我就跟老师们商量，我说：“我们岔河中学是新建的，大家想想，在岔河中学工作得这么卖力，不就是为了留下一个痕迹吗？我们要做世界上没有的一件事，做完以后就申请吉尼斯世界纪录，申请成功以后，我们在座的所有的老师都将被写入历史。”老师们听完以后都非常激动：“说说，干什么？”

我说：“我们从市场上买来橡木板，用电锯把橡木板锯成整齐的木条，用复写纸把《论语》誊写在上面，然后用电烙铁把它烙出来，烙完以后上一层清漆，装在教学楼楼梯的墙壁上，从一楼到四楼，从四楼横穿过去，再从四楼下到一楼，全长184.2米，由我们老师自己纯手工制作，历时三个月，做完以后我们就申请吉尼斯世界纪录。”

《论语》墙

你们知道这个工程花了多少钱？一万八千元。学校经费太少了，就只好这样做。在烙字的过程中，我发现有一位老教师“哐哐哐”不停地烙。

“你怎么这么疯狂呢？”我和她开玩笑。

“烙了54块了，告诉你啊，我烙了54块了。”她特别兴奋。

我一下子反应过来了，因为我们这个地区54岁退休，她烙了54块，就是要给学校留下什么。

还有一位女老师，马上就要分娩了，住院分娩之前，还背着我们偷偷地烙了5块。还有两位老师，因为在烙字之前，由于工作关系调离了我们学校，但听说有这个活动，就利用双休日中的一天到学校来烙字。最后，在学校“论语墙”后面的一个空白的地方，我们也采取烙字的方式，烙出一个“岔河中学大事记”，把参加烙字的老师的姓名全写了上去。

6. 运动激发活力

有一天，我发现毕业班老师的办公室里站着很多学生，我就问年级主任怎么回事。

他告诉我因为这些学生考砸了两科，这两科的老师就把学生找来了。我们说要看淡分数，可老师还是很在意。一名老师找学生了，其他学科的老师也找，老师们都显得很焦虑。我觉得他们这样焦虑可不行。

我告诉老师们："心里焦虑就跑步去。"我让后勤人员买了一个电子秤，并亲自给老师们称体重。称完以后各年级算出平均数，算完平均数以后，我告诉老师们，大课间必须跑步，跟学生一起活动，一个月以后重新称体重，哪组长肉，就扣哪组的钱。一个月以后，还真有一个组重了，就扣他们的钱，用这钱给另外两组的老师买水果吃。从此以后，老师们都自觉地运动起来了。大家一块儿运动其实是一件挺快乐的事，我们真正的目的就是让老师动起来。

我们现在教育都是脖子以上的（缺少锻炼），美国一些科技人员在一个州找了两所学校，进行"脖子以下的教育"实验。"脖子以下的教育"实验为期半年，半年以后他们发现这两所学校的各项指标，包括学生的学习成绩都全部上升了。但是美国教育界不承认实验结果，说研究者找的是经济比较发达的州的两所比较好的学校。于是这些研究人员就有意识地到美国一个比较落后的州，找了两所相对落后的学校，又进行了一次为期半年的实验，实验的结果是一样的。也就是说，提高学生学习成绩的一个最简便的方法，就是让他运动。我认为教育不仅需要激情，更需要平常心，教育并不只是教会学生一些知识，还要教给他们生活的技能，给他们健康的体魄。因此，我们这所学校就经常开展活动，项目有竹竿舞、太极扇、太极拳，还有腰鼓，各式各样，一个班一个特色活动。我们开展大课间体育活动，每天上午活动一个小时，老师们既是大课间活动的组织者，也是大课间活动的参与者。

7. 团队合作的新景象

给大家讲一个典型的合作案例。我们学校所有班级都没有班主任，但有指导老师，所有的老师包括校长都被编入各班当指导老师。因为我们学校不以个别学科的分数论英雄，而是将班级各学科成绩综合起来考核。有一天，我发现我隔壁的班级——有三位老师在管着这个班，这三位老师分别是英语、历史、体育老师，他们每天都早早地来到班里。我发现这种现象后，就问他们：“你们为什么天天来得这么早呢?”因为我向来反对老师早来晚走。他们说：“哎呀！校长，我们班学生的物理考得特别差。”原来，这三位老师每天都找物理老师要题目，每天都让班级的学生做 15 分钟的物理习题。学生们早来，他们也早来，这样坚持了一个月。期末考试后，老师们阅卷时，体育老师就跳起来了，说：“校长，我们班物理考了第一名!”物理考第一名，体育老师这么兴奋，这就是岔河中学。我们学校还有生物老师管学生做数学、美术老师管学生背英语的，类似这样的事在我们这所学校有很多很多。

8. 教育就是影响

我们学校还有开学的课程和毕业的课程。我们开学前两周不上课，这两周干什么呢? 让学生读书。让学生读哪些书由老师自己挑。学生读书，老师也跟着读，当陪读志愿者，读了以后就跟学生交流。这种影响是润物细无声的，也是不可替代的。

教育就是生命对生命的影响，我们让老师们自己读书，以影响学生们读书。我们开学前两周不上课，除了读书还干什么呢? 训练学生整理内务，还让大家学吹口琴。我们所有岔河中学的人都必须会吹口琴。口琴 20 元一把，每个学生都买得起。我们要求所有的老师都必须学会吹口琴，给每一位老师发两个口琴：一个是给他的，另一个是给他的子女的。到期末的时候，老师的孩子到学校参加吹口琴比赛，分出一、二、三等奖来，给他们发的奖品跟学校的学生是一样的。

我们每天下午都有 15 分钟的音乐课，上完再上其他课，这样学生很快就学会了吹口琴。有一年，我们班的学生提议：“校长，我们换别的乐器吧。”我们班就改吹横笛，两周以后我们这个班就可以合奏了。有一位老师看我们换了，就说：“你们班吹横笛，我们班吹葫芦丝。”我说：“你会吗?”“我会学。”这个老师就连续两周中午不回家，在网上跟着视频学吹葫芦丝，好不容易学会了一首曲子，两周以后，他们班所有的学生都开始跟他学吹葫芦丝，一周之后学生吹得比老师还好。

9. **有教育内涵的仪式课程**

孔子说："兴于诗，立于礼。"我们还有个课桌椅交接仪式的课程。九年级的学生毕业离开学校那一天，要把用过的课桌椅交给八年级的学生；八年级的学生把自己的课桌椅交给七年级的学生。在交接之前，先填单子说明课桌椅的完好程度，不完好的，必须说清原因。如果不是人为损坏的，得在交接单上记录缺损的情况及原因。如果学生像鲁迅一样，在桌子上刻一个"早"字，那么对不起，这张桌子就没有人接收了。

我们还有一个毕业离校仪式的课程。离校仪式也是我们学生在校最后一项课程，仪式的最后一个环节是从"仁义礼智信"文化墙往外走，七年级、八年级的学生和所有老师都站在道路的两旁，看着毕业班的学生往外走，鼓掌欢送。在走之前，我们都要做一个讲话，下面是我在2012年发表的送别讲话。

孩子们，舍不得你们走

每当这个时候，是我们老师最高兴、也是最失落的时候、最伤心的时候！

高兴的是，我们的孩子们圆满地完成了人生的一段历程——初中生活！你们长大了，无论是走向高一级学校的学生，还是走向社会这所大学的学生，都是我们岔河中学的骄傲！你们每一个都是轰动中国教育界的"岔河现象"的重要组成部分。在这三年来，《中国教育报》整版刊登岔河中学的事迹；《人民教育》杂志以1.2万字的篇幅描绘了"岔河精神特区"；《河北教育》杂志7、8月合刊将以1万字再次对岔河中学进行报道。你们是见证人，你们是参与者，你们是这辉煌成果的创造者！

孩子们走吧，快乐地走吧！相信你们在以后的人生中，会带着母校的期望与重托创造出人生的佳绩，带着老师的期望与重托领悟人生的真谛，带着学弟学妹的期望与重托开拓出人生的美丽！

孩子们，前方的道路坎坷崎岖。未来的日子里，你们有可能在物质上不是很丰富；你们情感上也许会受到挫折；面对大自然也不得不承认——人类很脆弱！但是，同学们请记住，在我们的期望与重托里最重要的就是——你们应该永远做一个精神的富有者！

以后的日子，在我们的视线里你们将不再晃来晃去；在这所校园里不能时时刻刻再听到你们动人的话语；昔日的教室里将换成你们的学弟学妹！当你们再次走进校园的时候，已经不再是天真烂漫的初中生了！

分别了！结束了！曾经受到的老师的教训是否成了你耳边亲切的话语？孩子们啊！即使你那气人的行为，也变成了我们老师甜蜜的回忆！更何况这三年，我们师生之间亲亲密密——多情自古伤离别，更那堪师生之间似海深的情谊！

孩子们，记住初中生活那美好的一朝一夕，带着人生美好的回忆去收获未来人生的乐趣！祝进入高等学府的学子学业有成，祝走向社会的孩子去创造人生的奇迹。记住，好的品行是人生最大的能力！

孩子们，初中生活结束了，过去的已经过去！老师曾经的严厉，恨铁不成钢的过激话语，今天——纵是千万个“对不起”，也不能把老师与你们分手的伤心的泪水拭去！

走吧！从“仁义礼智信”的高墙下走吧，不要回头！灿烂的微笑说明你对未来充满十足的底气，你伤感的面容说明你重情重义！

孩子们，跟着自己的感觉——慢慢地走，拉拉学弟学妹的手！

孩子们，跟着自己的感觉——慢慢地走，深情地把你生活了一千个日日夜夜的校园瞅一瞅！

孩子们，跟着自己的感觉——慢慢地走，知道吗？老师的心也在颤抖啊！颤抖！

舍不得你们啊！舍不得你们走！

这是我那天的一个即兴演讲，老师把它记录下来了。当时这个演讲中断了好几次，因为我实在控制不住自己的感情。大家可能要问，你的感情怎么那么脆弱呢？我给你们举个例子，我们养猫、养狗养三年，如果猫、狗突然走了，不回来了，我们都会难受好一阵子，更何况这是人啊！

2013 年的毕业典礼上，我做了一个特别错误的决定：这也不是生死离别，哭什么呀？于是，我讲得慷慨激昂，现场的孩子们也受了影响，没有掉眼泪，而是雄赳赳、气昂昂的。最后一个环节，孩子们往外走的时候，没想到的一件事发生了，孩子们从“仁义礼智信”高墙往外走，一步三回头，我站在人群里，突然一个男生从队伍里冲出来扑在我怀里放声大哭：“校长，我们舍不得走！”我的眼泪再也控制不住了，“唰”地流下来，整个校园再次被泪水所“淹没”。那一天我写了一篇文章《有泪为何不让孩子流》。仔细想想，孩子们不仅仅是跟这座校园告别，他们迈出校园以后，像花一样的年龄将一去不复返，人生最美的年华在今天离开以后，也永远不会再来。孩子们是舍不得跟花一样的年龄告别，我们为什么不让他们把那饱含情感的眼泪落下来？当时我就在想，下一年要设计一个让孩子们难忘的毕业典礼，一定要让他们泪雨滂沱。

四、读书引领教师成长

岔河中学的变化，引起了中国教育报报社的关注，2009 年，他们给我们做了一个整版的报道，在教育界引起很大反响，全国各地很多学校都到我们学校来参观。参观的时候，不仅仅是看学生状态，当然也要看看我们老师的教学状态，有时还要听我们老师的课。我跟大家实事求是地说，我们老师的课，我几乎不听。为什么呢？因为一听就心情沉重。学校的教学成绩挺好，但我们老师的课堂是干瘪的。来参观的老师要听课，怎么办呢？我们只好把学校几位课上得好、专业素养较高的老师推出来，只要是外地老师来参观学校要求听课，就安排他们上场。长期这样下来，这几位老师都焦虑了，因为这样的公开课让他们感到有压力，他们感觉太累了。那一年我刚好在读《老子》，《老子》里讲的“功成身退”让我感触很深。

2009 年年底，我去找教育局领导，说我不想干了。当时领导把我狠批了一顿。他说：“你自己是怎么发展好的？”

“读书啊！”我说。

“为什么不让老师读书呢？把你们老师都带动起来，都读书啊！”

“老师们不爱读书，我做了很多工作老师们还是不读。”我很无奈。

领导说：“作为校长，你得想办法让老师们爱上读书。”

1. 让老师带着问题读书

2010年寒假的时候，我给舅舅拜完年以后，便把自己关在屋子里思考，如何让我们的老师喜欢上读书。有的校长可能会说，布置任务让老师去读书，然后把读书情况纳入老师的绩效考核就行。这样的办法效果会好吗？肯定不会好。经过一段时间的思考，我终于想明白了：读书是精神活动，如果采用纳入考核这个办法，你是推不动的。要让马喝水，不能按着马脑袋硬让它喝，而是有一个特别简单的办法，就是在马的食物里多搁点盐，让马口渴后自动去找水喝。

我告诉老师们，孔子曾说过“不知命，无以为君子也”，不懂得命运，就不能做君子。我给老师们分析过2008年、2009年学生的中考成绩，结果发现分数超过500分的孩子中，9月份到12月份出生的孩子较多，其次是1月份到4月份出生的孩子，最后是5月份到8月份出生的孩子。为什么呢？因为在同一年级，9月份出生的孩子比8月份出生的孩子大了近一年。

我就跟老师们谈这些现象，谈男孩危机、女孩危机，谈我们关注学生应是积极关注还是消极关注等。说到关键处，我就不说了，老师想不明白怎么办呢？那就找书读。有趣的是，很多老师就是从思考自己孩子的问题而开始读书的，读书从为己开始。然后，我就告诉老师们读书的顺序：从亲子阅读开始培养习惯；用人生励志书籍与积极心理学书籍激发人生热情；读一些专业书籍促进人生理想的实现；读哲学与文学书籍获得审美享受。读专业书籍时，我们要遵循这样的顺序：先故事后理论，先教育后教学。

2. 教育教学要贴近生活

我今天想特别跟在座的老师们强调一件事，就是一定要把教材读好。很多老师为什么觉得自己的课堂黯然失色，就是因为没把教材读好。如果老师没把教材读好，就教不出幸福、教不出快乐来。我当校长，管过幼儿园、小学、初中，现在我又到高中了。我现在以小学课文《百合花开》为例来说一说。

林清玄为什么要写这篇文章？我们的一位老师上课的时候经常就百合花而讲百合花，教学效果不太好。我跟她说："你想想，林清玄为什么写百合花？"

"是写他自己吧？"

"对，是作者写他自己的。"

林清玄小学时候学习成绩是非常差的。那时候他说"我要当作家"，他爸爸都说他："你还当作家呢？你好好地在家里给我坐着吧。"但是17岁的时候，他发表了第一篇作品。我们可以在他的作品《在云上》看到他的心路历程，他的普世思想在这里体现得淋漓尽致。他的文章影响了台湾、影响了大陆，在世界上也有一定的影响。

我又问这位老师："林清玄的《百合花开》写的是不是你啊？"

"为什么是写我呀？"

"你是百合花不？你在农村工作，但是你一直很努力，你为了什么？你不就是为了影响孩子，让这些孩子走向社会，走到各个岗位上去，让他们能够成为更好的自己吗？你在这么恶劣的环境里，像不像百合花啊？"

我方才说了，我们学校的办学条件差得很。

"在这么一个恶劣的环境里，你没有放弃理想一直奋斗。那《百合花开》写的不是你吗？"

"嗯，还真的跟我有点像。"

我又说："那写的是不是学生？学生在这么恶劣的环境里一直在努力学习，不放弃理想。这百合花不就是学生吗？"

假如我们能在读这些作品的过程中融入我们自己，阅读就会变得特别有意义。尤其是到了高中，一切围绕着高考，就造成了很多课上起来索然无味，对听课的人来说简直就是一种折磨。

3. **读书让老师们演绎出生命的精彩**

老师一定要有梦想，梦想能把你带到更远的远方！

2010年，我开始带着老师们读书，仅仅一年时间老师们就发生了很大的变化，2011年，我们学校有很多老师开始到外边去讲学了，每一位老师都有一个自己研究的方向。我们的胡大翠老师是一位校园诗人。这位老师经常写诗，写了很多，后来我发现了她的潜能。当一个人的兴趣和工作连接在一起的时候，就能找到自己的职业幸福。一天我遇见她，我说给她看点东西，就给了她一首“诗”《罗汉豆》。

农村的生活富有诗意
罗汉豆就生长在
这自由的天地
在《社戏》的画面上
它是醒目的一笔
看戏后归航偷豆的插曲
送豆余波的公公——六一
充满神韵让你道奇
整个故事情节
罗汉豆把它勾连在一起
开船之始
两岸豆麦碧绿
清香扑鼻
可见这便是可偷的东西
看戏时没有喝到豆浆
暗示偷豆之需
离村仅一里
人乏船慢时
偷豆又掀起
无限乐趣
此处又为公公——六一

发现秘密
埋下伏笔
纯朴、无私，真诚的美德
理应归属农民兄弟
双喜的细心、周密
阿发的大方无私的心底
还有那——
善良、朴实、慷慨的六一
怎么不会给你
留下那美好的回忆
再普通不过的罗汉豆啊
分明还带水沾泥
但它贮满平桥村
老老小小深情厚谊
小小的罗汉豆啊
让《社戏》充满了
田园的乐趣

看完这首“诗”以后，大翠老师就乐了：“这不是你当时不会教语文时，糊弄我们的那首诗吗?”当时我不会教语文，就写了一首课外诗给学生，然后开始读《社戏》，解释这首诗。老师们看了以后，印象都特别深。我问大翠老师：“当时的课给你什么印象啊?”

她明白了我的意思，就说：“校长，我马上给你作几首。”

从此以后，大翠老师把一至六年级的语文课文全部用课外诗写出来了。

我们学校还有积极教育的课程，每位老师都有自己的研究专题。比如，张洪艳老师研究教师的幸福，她最初是以陶继新老师的《做一个幸福的教师——陶继新教育讲演录》为蓝本，聊了读这本书之后的感想，聊了 40 分钟。之后，她的报告扩展到 4 个小时，现在经常应邀到全国各地去讲课。陈洪亮老师已经六次被国家教育行政学院邀去讲课，他专门讲积极教育。积极教育最初是我提出的，但是他做到了极致。尹子敏老师研究流程图管理，孟庆丰老师研究脑科学……现在学校大概有三分之一的老师可以外出讲课了。老师还写了很多文字，够10万字的我们学校就帮他出一本书。

我们学校有个女老师在26岁的时候得了脑瘤，过了10年，在她36岁时去世。她在自己病重期间仍然坚持读书。她去世以后，我们老师自发地整理她的日记，共有27万字。在整理的过程中，老师们的心灵再次受到洗礼。在日记中她写道：人的生命不在于长度，而在于有没有深度。

4. 构筑精神特区

我们这所学校被称为“六不校园”。第一，不为分数教。第二，不考核老师。不考核老师，优秀奖给谁呀？谁有用给谁。我有用他也有用怎么办？谁年龄大给谁，年龄一样按生日，生日一样按日子，日子一样按出生时辰。第三，没有班主任，所有的老师都是管理者，我们把学生分给全体老师，全体老师都参与管理，分成指导小组。第四，不检查教案。第五，不检查作业。第六，不设置后勤。有的老师一看，不检查教案，乐了！我们这样做最终反而取得了更好的成绩。下面，我一个个来解释。

我们是一所偏僻的乡村中学，但跟我们区直属学校相比，成绩不比他们落后。我们不考核老师，赢得了和谐的团队；不设班主任，赢得了优质的管理；不检查教案，赢得了教师成长的空间——我们把大量的时间让老师来做前置性作业设计；不检查作业，赢得了师生的彼此尊重；不设置后勤，赢得了教职工的责任意识。我们没有后勤，所有的老师一人一件事，比如我专管我们学校的灯，我是“灯官”，有灯不亮，就要找我。因为我上高处不害怕，血压也不高，攀缘能力还比较强。

后来，我们学校被教育界同人称为“精神特区”。也就在这时候，我们把《论语》墙做完了，做完以后我们就开始做一层楼、二层楼、三层楼的校园文化规划，一楼我们以“君子”为主题，把《论语》中有关“君子”的章句全部找出来，用烙画烙出来。

这个烙画是我们老师自己做的，在这层楼中有首《君子赋》，我给大家读一遍。

楼道无声，超市自管，考试不监，双差不见，呜呼！我岔河中学——教育之奇观。

君子三变，校园显现，从不违仁，终食之间，呜呼！我岔河中学——师生之心愿。

道者有三，有过改变，和而不同，言之谦谦，呜呼！我岔河中学——师生之风范。

岔河之风、之水，因我校园改变，君子之乡，必将成为燕赵佳传！周而不比，不喻于利，怀德不争，不以言举。呜呼！我岔河中学——做人之规矩。

求诸吾己，从不戚戚，泰而不骄，追求不器。呜呼！我岔河中学——做人之意义。

不知不愠，不忧不惧，三畏九思，喻之于义。呜呼！我岔河中学——做人之真谛。

岔河之风、之水，在我校园演绎，君子之乡，必将成为燕赵传奇！

二楼以“仁爱”为主题，仁爱无边，没有边界，我们在二楼写了一首词《沁园春·仁爱》。

岔中风光，诚信考场，聊书别样。看超市食堂，心潮激荡，师生风貌，斗志昂扬。追寻真理，当仁不让，积极教育乃良方。爱无痕，润万物无声，细节昭彰。长卷当世无双，汇聚我岔中正能量。慕乐山之师，无忧好静，克己之士，自求方刚。四非成美，刚毅木讷，恭宽信敏惠儿郎。志无恶，塑儒雅学子，大爱无疆。

三楼以“智慧”为主题。我们把《论语》中有关智慧的章句找出来，贴在墙上。三楼有一个特点，就是我们老师做的这些铬画，大的大，小的小，方的方，圆的圆，各种各样的都有，因为智慧是多元的。

五、开启一段新征程

三楼的智慧诗还没有写，我突然接到一个通知，让我离开岔河中学。当时是先让我当教育局副局长，我拒绝接这个职务，拒绝组织部谈话。我们区委书记两次面谈、一次电话，我全部拒绝了。我们区委书记再次给我打电话说："斌利啊，你是不是离不开校园呢？"

"是。"

"那我给你一个更大的空间。"

"哪一个空间？"

"我把车轴山中学给你。"

我一听，心里就害怕了。车轴山中学，这所学校建校100多年，省部级干部出了14个。这所中学，是我们河北省21所重点高中之一。我当时就说："不行，不行，我胜任不了。"

"我相信你的人品和才能。"

领导的这句话把我"绑架"了，我一直在学传统文化，传统文化中有"士为知己者死"，领导把话说到这份上，那我只能答应了。答应之后我就后悔了，因为岔河中学三楼的智慧诗还没写完呢。

1. 顶着压力整顿校风校纪

我去车轴山中学报到的那一天，恰值高一、高二的学生放假。一群群学生往外走，乌压压的一片，再一看校园，一片狼藉。我刚去报到，还没有公布我是校长，学生也不认识我，我就绕着校园走了一圈。高三学生还没放假，我到高三的教室一看，也是惨不忍睹：大部分教室没有老师，有的教室有老师和没老师是一样的。此时正是特别冷的季节，看到这些场景，我的心像天气一样冷冰冰的。

开学的第一天，我以校长的身份到教室听课。一个星期下来，我看到了哪些场景？上课时至少有四分之一的学生在睡觉，多则百分之百"全军覆没"；再看看后山，满地垃圾——这可是百年名校啊！于是，我就在七栋宿舍楼里巡查，然后，选一栋宿舍楼蹲点，夜间12点开始查宿，查到凌晨1点，一栋宿舍楼里逮住29个不睡觉的（还不算一些没被逮到的），他们在干什么？抽烟、上网、喝酒。我发怒了，让这些学生一律回家反省。第二天，29 个学生被家长接走，浩浩荡荡的。第二天，在这栋宿舍楼，又有 12 个学生违纪，还是让父母接回家；第三天，6 个，一律回家；第四天，2 个，还是让他们回家！第五天我不去了，因为我怕控制不住自己的脾气。

第二周开会，我宣布进行全面检查，分管政教处的副校长、主任、干事们，还有全体校领导干部，全部出动，由我带队，开始全面检查。第一次就查到 8 个严重违纪的学生，一律开除。我一下子开除了 8 个学生，这下可捅了马蜂窝。因为好几个学生的家庭都是有点背景的，其中一个还是重要领导家的孩子，这个领导开始没有直接给我打电话，而是给我们上级领导打电话，上级领导给我打电话，但我说必须得开除这个学生。晚上 10 点，那位领导直接给我打电话，我便把手机关了。

第二天，这位家长煽动其他学生家长来学校闹事。那天，我正好出差了，直到晚上才回到学校。我对那个领头闹事的家长说："你们的背景我知道，我这个校长是区委书记请来的，我当校长就要为学校负责，为合格的所有学生负责，谁阻止我管理学校，明天我就告他去!"我的语气非常强硬，这些人一看事态不妙，就撤了。后来，因为违纪我连亲戚家的孩子都开除了。

这些强硬举措带来了什么效果呢？现在，我们的校园，4000 人吃饭没有喧哗，晚上 10 点准时熄灯，校园里一片寂静。我们也开了"诚信考场"，取消了班主任制度。

2. 把自控力培养引进校园

我开除学生时，其实也心痛，尽管他们的行为到了不开除不行的地步。后来我就想，如果能让学生有自控能力，他们的行为还会出现这么严重的偏差吗？过去的都过去了，但改变需要从我这个新校长开始，我要把自控力培养引入校园。我经常会问学生：你能不能坐住？坐得住的人才会成功。

我们把自控力训练引入校园以后，凡是自控力不好的学生，就在假期里给他留特别的作业：让家长监督他每天在固定的时间刷碗。学生犯错误，就给他一个黄牌，严重的就给一个红牌。黄牌是三天都要坐在教室的角落里，每天用左手写 1000 个字，老师要检查、签字，如果老师三天都签了字，学生干部对他也有一个较高的评价，可以撤销黄牌。如果撤销不了，就升级到红牌，红牌是一周如此，如果一周没有效果，就回家反省！除了让学生用左手写字，还罚学生读书。罚学生读哪些书？像吴牧天写的《管好自己就能飞》，还有《学习之道》《你在为谁读书》等。

老师们，读书有一个特别的好处，就是帮助学生成长。读书会使我们的心智变得更加成熟。《管好自己就能飞》《学习之道》《你在为谁读书》，就是我们的学生必须要读的三本书。

我们设置了一个自控力课程，就是打太极，还有与“圣人”交朋友——让学生读人物传记。在假期里，我们也不忘让学生训练自控力。放假离校的那一天，我会站在学校大门口，给学生发小卡片，4000 个学生，我是一人一张地发，我要亲自发到学生手里。在这张卡片上我写着：

一个人要成功，自控力的作用是智力的两倍，身体适当受苦，精神成长越壮！来年开学的你，一定会感激在假期快乐付出的你。孩子们，假期里记着作业！记着读书！记着学习！记着锻炼！记着开学的考试！记着你是精英！

你的大朋友　张斌利

学生家长看到我发卡片，就会在假期里自然而然地对孩子进行监督了，看到孩子懈怠了，就会说：“你们校长是怎么说的呢？”

3. 寒假里的一封信

我还会在假期前给学生发一封信，在这封信里，有假期自控力训练的方法——你得告诉学生方法，不能只说你要有自控力。提高自控力的方法有哪些呢？这封信是这样写的：

孩子们，此刻的校园银装素裹分外妖娆，我却毫无烹酒煮茶踏雪寻梅的雅趣闲情。偌大的校园，你们放假离开了，我的内心陡然间充满了忧虑，我多么渴望你们度过一个充实的假期，一个有意义的假期，一个能够为自己的未来打下坚实基础的假期啊。

对于高中生来说，三年中的几次假期可能成为人生的一个分水岭。有很多实例证明，有的高中生利用好假期，卧薪尝胆可以后来者居上；也有的高中生在假期东游西逛，开学后一蹶不振，随后就很可能产生“马太效应”，从此成绩一落千丈。

高二、高三的孩子们，你们是否还记得去年放假，我站在学校的大门口为你们送行，亲手送给你们每人一张粉色的卡片，卡片上写着我的叮咛？

我知道，你们一定还记得它，一定！虽然确信你们都记得，但我还是想在假期来临之际，再次送上我的叮咛。

第一，一定要记住假期不是终止学习的假期，而是改变学习方式的假期！聪明的犹太人有一个信条：如果你想走得快，自己走；如果想走得远，大家一起走！假期里，虽然你的书桌旁仅仅剩下你自己，无法与老师、同学面对面交流，但是各小组、各班建立了微信群，希望你们充分利用现代化手段，在网上互相学习、互相激励、互相提示。孩子们，希望你们永远结伴同行，把努力学习当作人生常态，这样的人生才有意义，才有价值！

去年的寒假里，高三年级的李明强与魏红香同学，每天清晨都检查自己的同班同学是否来微信群里报到，如果不报到就把他叫醒。高考时，这个班的成绩十分突出，大部分学生都考上了大学，而这两位同学的高考成绩也出人意料的好，取得了前所未有的佳绩！假期里叫醒他人的小小善举，不仅成就了同学，而且成就了自己！

在这里，我郑重承诺，我要与你们结伴同行！我保证在这个假期里不睡懒觉，完成我的目标——写一本15万字的教育回忆录！

第二，一定要记住：千万不要陷入“道德许可”的泥潭！何为“道德许可”？简单地说，做过一个好的行为后，潜意识里我们总是允许自己做一些不太好的行为，这就是“道德许可”。比如，你奋战了一个学期，终于放假了，你不想起床时会告诉自己：在学校我那么勤奋、用功，假期的早上偷点懒也没什么。

无数的事实证明，这种想法会打碎你的一些好的计划。“道德许可”经常会让大家掉进这样的陷阱中：在学校我已经竭尽全力了，假期里应该得到一点奖励——好好放松一下。实际上这就是导致你退步的第一步。因为放松往往会演变成松懈甚至放弃。

解决方法：不要自我感觉良好，忘掉那些能让自己懈怠的借口，而要永远记住当时自己努力的理由。当然，一天里努力学习之后，可以放松一下，但不是松懈。轻松之后，还要继续赶路！

记住自己努力学习的理由：人生不能白来一场，要拥有一个美好的、有价值的人生！

第三，一定要记住：成功没有捷径！不要梦想一夜成名，虽然现实生活中的确有一夜成名的现象，但我们要清醒地认识到这个概率有多小。每个荣耀的背后都是两个字——苦干！更何况我们生在平民百姓家，更应明白学习改变命运的道理！虽然这不是改变命运的唯一一条道路，但是这条道路是走向成功的最宽敞的一条，也是最公平的一条。

第四，一定要记住：尽最大努力不要改变在校的生活习惯，否则你会患上假期综合征。如果你改变了作息时间，开学后你必须重新适应学校生活，这就需要时间，而时间对于一个高中生来说是多么珍贵啊！所以，假期请按时作息，保持自己在校期间最佳的生活习惯！

第五，一定要记住：你是精英！你是精英！你是精英！精英最重要的一种品质——行动！孩子们，精英们，行动吧！

你们的朋友　张斌利

我们每一个班都建了微信群，微信群里有一个活动叫“清晨把你叫醒”，所有的学生都要加入，每个班里有两个负责叫醒别人的人，一个是班长，一个是副班长。叫醒所有人后干什么？在微信群里报到，谈谈假期学习的感受，谈完感受以后晒作业。班长会询问某些学生不晒作业的原因……假期里我们就利用微信群来训练学生的自控力。

4. 静思产生奇迹

还有一个自控力训练的方法，就是让学生每天进行 15 分钟的静思冥想。我们一个老师曾坚持两年让他的学生用这个方法锻炼自己，仅仅练了半年，这个班学生的学习成绩就发生了很大的变化。坚持两年以后，我们学校的一本上线人数其他班 9 个、10 个，而这个班是 16 个。

5. **十二张老照片**

我一直很重视仪式带给学生的影响。我们学校的盛金花老师就专门研究仪式给人带来的影响，她把换教室、换宿舍全部仪式化。

高考结束了，学生喜欢干什么呢？撕书、撕卷子。我是不认同这种做法的。那一天，我给学生写了一封信，信中说："孩子们，请你给我留下一张试卷好吗？"我跟这些学生要试卷，每人一张，因为这张试卷中留着他们奋斗的足迹，是他们青春的印迹。他们不经过一些事，哪里懂得它们的价值？当我跟学生征集试卷的时候，盛老师说咱做一个收藏仪式吧。于是，我把近两千个学生集合到操场上，由班长郑重地把试卷交给我，然后由学校收藏。

我们很多老师看我收藏学生试卷以后，立刻做出了积极的响应，他们也收藏。我相信很多年后，这些学生再回头寻找足迹时，看到这些资料，肯定一下子就能勾起甜蜜的回忆，让他再青春一次。这种价值，这种情怀，是非常珍贵的。

6. **为什么我的眼里常含泪水**

我们的学生高考结束以后，马上就回到自己教室，他们要做一件事：把教室打扫得干干净净，然后照一张合影，在教室举行告别仪式；回到宿舍以后，把宿舍打扫得干干净净，在宿舍举行告别仪式。学生高考以后"撤退"，楼道打扫得干干净净，偌大的校园见不到一片纸，我的眼泪立马就掉下来了。那一天，在毕业典礼上讲话的时候，我就以这个为题——

为什么我的眼里常含泪水

同学们，还记得在你们上高一的时候，就在这个主席台上，我给你们深深鞠的一躬吗？我说："孩子们，求求你们了，别再犯错误了！"来我校上学是每一个家长的骄傲、每一个家长的自豪，也是每一个家庭的希望！但是有的同学就是不珍惜，成为学校的“害群之马”。我上任的两个月后，将不适合在学校上学的学生一律劝退！但是每劝退一个学生，我的心都在流血！一躬下去我的泪水再也忍不住了，扑簌簌地流淌下来。知道吗？这两年来，我最不愿意做的事情就是劝退学生！

高三的孩子们，你们的誓言回荡在整个校园，恰在此时，一个奇迹般的景象出现在操场上空——你们的头顶上，一只雄鹰在天空中盘旋，盘旋。当看到这个场景时，我热血沸腾，激动的泪水扑簌簌地流淌下来——半年来由于出“重拳”治理校园，惹恼了很多人，半年来我“遍体鳞伤”，失望过，退缩过，迷茫过，但是就在那一天，我忘掉了所有的委屈，看到了希望。

高三的孩子们，你们经历了学校的衰与兴，如今我们的办学经验在中国教育界有了影响，《中国教育报》整版刊登了我们的办学事迹。现在我们的学校正在走向辉煌，学校全体教师功不可没！今天在场的所有学校学子功不可没！

最让我感动的日子是在你们高考的这段时间。

还记得最后一次早操你们整齐有序，记得最后一次早自习，最后一次晚自习，最后一个夜晚，最后一顿午餐……你们总是井然有序，淡定自如！当我置身于你们中间的时候，心情是那样的不平静！——多么可爱的学生啊！这是世界上最可爱的学生。

还记得你们上高二的第一天，开学典礼就是在这个操场上举行的，我站在远处凝视着会场，我们的老师在这里举手庄严宣誓，誓言震耳欲聋。

高考过后，你们陆续回到教室，一如我希望的那样认认真真地打扫教室，我穿梭在楼道里看着你们，唯恐你们走后再也看不到你们。

“校长！”一个英俊的男生叫住了我，他来到我的面前深深地向我鞠了一躬：“校长，谢谢您！”目光里透着感激。我愣在那里，他解释说：“校长，我是……”猛然间，我想起这是我来学校两年来唯一一个已经决定劝退，却又留下的学生。“校长，我留下了！您给了我机会，我真的再也没有犯过错误！”他激动地向我说。我的心陡然间震颤了一下，紧紧抓住他的手。“孩子，应该谢谢你！”“不，校长，谢谢您！”说罢，他又深深鞠了一躬！我激动地把他搂在怀里，让其他的学生为我们拍了一张合影。拍完后，我再次紧紧抓住他的手，用力地握了握，转过身去鼻子酸酸的，泪水在眼眶里打转。

“校长！”刚走出教学楼不远，我又被一个女生叫住。这个女生先给我鞠了一躬，然后说：“送给您一件礼物。”她递给我一个塑料袋，袋里装着压得平整漂亮的干花及树叶。“校长，这都是在我们学校采集的，我本想上大学时做书签，现在送给您！我们的学校太漂亮了！”我接到手里忙说：“谢谢！”

不知道女孩是否听到，因为她说罢便站在那里向校园四下环顾，旋即转身离去。在她转身的一刹那，我分明看到她的眼里已经含满泪水！我咬住嘴唇忍着，眼泪没有掉下来。

高考那天你们走了，我看到教学楼里整整齐齐的桌椅板凳，干干净净的地面；我来到宿舍——一如平日那样整洁。你们走了，我站在没有一片纸的、寂静的校园里热泪盈眶。虽然我的学生学习成绩不是一流的，但是我为我的学生而自豪！我为我的学生而骄傲！

我的学生是世界上最美的学生！是世界上最可爱的学生！是世界上最可敬的学生！

为什么我的眼里常含泪水？因为我最可爱的学生将离我远去，从此天各一方，我很伤感！

为什么今天我的眼里含着泪水？因为我知道此时此刻我可爱的学生们也在承受着分离之痛！

为什么我的眼里常含泪水？因为车轴山这片土地让我爱得深沉！

孩子们！请接受我深深的一躬——谢谢你们！谢谢你们！

我讲完话以后，我们都哭了，整个会场都被泪水“淹没”了。

我到这所学校任校长半年以后的那次高考，升学率达到了57%，我挺兴奋，因为它突破了历史记录。我就跟老师们说：“你们看，咱们突破历史纪录了，咱们下一年的升学率至少会达到60%。”有老师就在私下里说：校长不懂得高中教育，自己没好好上过学，也没有在高中工作的经历，瞎定指标。但下一年高考成绩出来以后，连我自己都不敢相信，升学率一下子达到了70%！

2015年，我被《中国教育报》评为推动读书十大人物。如果要问我人生的变化来自于哪里，我告诉你，就来自于读书。一个从小可以说是不学无术的人能走到现在，全靠读书。我还要告诉老师们，我读的第一本书是《论语》，也就是我拜了孔子为师，我的老师水平很高。其实，读《论语》就是跟孔子在对话，读《道德经》就是跟老子在对话，你读谁的书谁就是你的老师，因此我们一定要把书选好。开卷未必有益，但是，在我们有选择地读好书的情况下，我们的人生就会发生巨大的变化。

报告回响

读书改变生命状态

钟惠河

听了张校长的报告，很自然地令人联想到唐山的市树——国槐，它根深叶茂、耐寒抗旱，能在贫瘠的土地上顽强地生长。张校长就是这样一棵顽强生长的“国槐”，他最初扎根在岔河中学这样一所偏僻的乡村中学，用心经营，缔造了震撼教育界的“岔河现象”。最让人钦佩的是，在这样简陋的条件下，岔河中学师生焕发出来的那种积极的生命状态、阳光的生活态度、向善向上的文化自觉意识，俨然成了一道亮丽的风景。这一切变化都源自张校长对《论语》等经典书籍的潜心研读和躬身实践。张校长通过读好书来改变自身的生命状态，改变教师的生命状态，进而也改变了学生的生命状态，把一所条件并不好的农村中学打造成一个精神特区，使之成为全国名校。如果要说这些奇迹的创造中有什么奥秘的话，那就是从校长到老师再到学生，都不断地读书，不断地汲取优秀文化来丰盈心灵，获得优质的生命成长。

一、临事以敬，智慧自来

张校长在回顾早期的人生经历时慨叹“开卷未必有益”，虽曾经历了挫折，但他在受到“侠客思想”影响的同时，也种下了“义”的文化基因。“义”的根是善，有义才懂得感恩，才会对人、对事存有敬畏之心，有敬畏之心，则忠恕之道行矣。我想这也许就是张校长能这样一路走来，不断取得成功的内在原因吧。

从体育老师到语文老师，从语文老师到教导处主任，从教导处主任到校长，每一次华丽的转身都是一场生命的跃升。张校长说得轻描淡写又不乏调侃之意，其实背后付出了多少的汗水！为什么他一次又一次地拒绝别人求之不得的职位，因为在他看来，更高的职位意味着更大的责任和担当，也就意味着他对这些职位存有敬畏之心。正因为有着敬畏之心，才会有对教育事业的执着追求。正是在这种观念的引导下，他不断地学习、思考，生命的潜能得到开发，智慧之花也就次第而开了：初涉语文课堂，用课外诗激发学生的兴趣，用诵读积累让学生学得扎实；当教导处主任、校长时，抓好学生的行为规范，这些“诗外功夫”保证了学校的正常教育教学，也就自然地促进了学生的学习。当学校遇到发展的瓶颈时，他潜心研读《论语》，在古老的文化里寻找智慧。

儒家文化是行动的哲学。张校长不但抄写原文、抄写解释，还逐条写感想，更重要的是，他把《论语》里关于教育和为人处世的思想精髓运用到了自己的实践中：教育的顺序应该是由近及远、由里而外的，德行的养成优先于知识的传授，于是就有了“21 分的快乐”；有了老师们的“劳而不怨”；有了老师们相互竞争而不失君子的风范；也有了体育老师为学生物理成绩考第一而欣喜若狂的奇观……

张校长给我们讲述这些的时候如数家珍，我们也在这些故事里领悟到他“贴地行走”的智慧。

二、情真意诚，谋教在道

浇树要浇根，育人先育心。育心需要真诚的情感，真诚的情感来自对教育的深刻理解和对孩子的慈爱，来自一种对成长中的生命的观照。我们被张校长充满真挚感情的演讲深深地感动了，《孩子们，舍不得你们走》《为什么我的眼里常含泪水》，从那情真意切的话语里，我们可以想象出当时的感人情景。难怪张校长也控制不住自己的感情而多次中断，以至所有人都不禁流下眼泪。张校长绝不是那种善于煽情的演讲家，他的演讲也没有用华丽的辞藻，之所以能够触动师生的情感，是因为他用赤诚的心，用他的诚意、用他的真情打动了孩子们。此情此景，不仅对毕业班的孩子们，对全校师生都是一场心灵的洗礼，是直达灵魂的熏陶。德国哲学家雅斯贝尔斯说："教育的本质是一棵树摇动另一棵树，一朵云推动另一朵云，一个灵魂唤醒另一个灵魂。"教育，就是这样一种塑造灵魂的事业。

缺少情感、脱离生活的教育是不完整的教育，也是不成功的教育。我们的教育不能只盯着升学率，而更应重视学生的全面发展和健全人格的养成。张校长对语文教材中的《百合花开》等课文联系生活的解读，才是一种"眼中有人"的教育，是在品析语言和表达技巧的基础上对内涵的挖掘，是立足于培养健全人格的教育，也是语文教育人文性的重要体现。语文教育如此，其他学科同样应如此。

在学校里，学生第一，还是教师第一？曾经有人提出不同的观点，结论莫衷一是。其实在《学记》里早已经给出了答案，那就是"教学相长"，老师和学生是共同成长的。2010 年，张校长开始带着老师们读书，仅仅一年就产生了很好的效果，在这样一所普通的农村中学里，就有三分之一的老师有资格外出讲学，有的老师还多次登上国家教育行政学院的讲坛，同时涌现出像胡大翠老师这样的校园诗人，还有更多的老师把自己研究的课题运用到教育教学中，取得了明显的成效，学生学习成绩的提高也水到渠成。

走进学生的心灵，培养学生的健全人格，激发教师的自我成长，这不正是教育之道吗？

三、教育大事，始于细节

教育理念再好，也需要在实践中落地生根、开花结果，理念的落地必须有形式的承载。而我们很多学校常常为活动而活动，表面上轰轰烈烈，却因缺少对活动教育内涵的挖掘而让活动显得苍白，甚至流于形式，耗费了时间和精力却没能达到教育效果，结果只是徒增老师和学生的负担。“天下大事，必做于细。”教育细节的仪式化、课程化是岔河中学的一大创举，通过各种仪式，把教育理念渗透在仪式的全过程，这些仪式也因为有丰富的教育内涵而富有教育张力。

把老实验台陈列在新校区的教室里，做成新生入学教育的校本课程；收藏学生的有独特解题方法的试卷，激发学生的学习热情；每学年结束，都郑重地举行教室和宿舍的转换仪式，让爱护公物成为每个学生的行为习惯；引入自控力训练课程，让提高学生的学习成绩也有“科技含量”；校长冒着严寒，亲自在校门口给每一位学生分发“寒假寄语”的小卡片，仪式化的效果，就是让学生和家长认同并认真践行“寒假的快乐付出”；还有如“清晨把你叫醒”、给学生的一封信等活动，都赋予了教育以仪式感和更深的内涵，产生了很好的效果。

特别是学生毕业离校的仪式课程，更值得我们借鉴和学习：举行毕业生试卷收藏仪式，为每位毕业生收藏一份试卷，改变他们撕书、撕试卷的陋习；举行教室、宿舍告别仪式，把室内卫生打扫得干干净净再移交给下一届的学弟学妹；让毕业生从“仁义礼智信”文化墙往外走，所有的老师和学生夹道欢送，那种依依难舍的情景，相信每一位学生都会终生难忘！

教育，就是由这样一个个细节累积而成的，并随着时间和空间的叠加，构成了一幅宏大的图景。

听了张校长的报告，我们不由得生出敬佩之情。一位文化基础并不突出的老师，经过潜心研读《论语》，深入领会其丰富的思想内涵，并身体力行，用《论语》的思想来管理学校，最终把一所普通的农村中学打造成全国名校，自己也在学习中不断地成长。更难能可贵的是，他还带动了学校的老师一起成长！

听了张校长的报告，我们更加坚信读书能改变命运、改变一个人的生命状态！

报告回响

在挑战中把握契机

钟惠霞

“神奇的岔河中学现象，简直是一个传奇！”这就是张斌利校长的讲座刚开始没多久，我内心升腾起的感慨。当他讲到恶劣的工作环境时，我想尽管我们所处的时代不能说是最好的，但我们大多数学校的育人氛围肯定比张斌利初为校长时所处的环境要好。

因此，张斌利校长能做到的，我们也可以学着做到。

一、德育比智育重要

一个班没有班主任依然秩序井然；小超市无人看管，一分钱也没损失；考场无人监考却成绩真实；墙壁七年没粉刷却无一个鞋印；自习课只有翻书声和写字声；楼道里只有脚步声……这一切都真实地发生在地处偏僻、曾经混乱不堪的乡村中学——岔河中学。是谁让岔河中学发生了翻天覆地的变化？是张斌利校长。是什么让这样一位学体育出身的校长成为如此出色的管理者？我觉得很关键的是他在严峻的挑战下把握了发展契机，能够以德育作为学校工作的突破口，给学校以新的活力，让学校实现了凤凰涅槃般的浴火重生。

较之于智育，德育让学校的面貌焕然一新似乎更加直接、更加便捷。

张斌利校长认为，品德也是一种能力。还认为，其实，教育主要的任务不是学习知识，首先是学会做人。张校长的主张应该说是当下不少人的共识。最近，教育部门所提出的“核心素养”就是将教育的顶层设计最终回归到培养健康发展、幸福生活、成功应对未来挑战的“人”，这将是一个长期、复杂的过程。当然，多数人总是盯着分数，把分数当成教育的唯一目的，长此以往，教师疲惫不堪，学生疲惫不堪，家长疲惫不堪，也造就了一个疲惫的校园环境。没有品格支撑，只是盯着分数，恶性竞争就会出现。教师之间恶意竞争，关系恶化，情绪不佳，恰恰是造成教学质量低下的根本原因。

张校长的德育成果中还有一点很值得借鉴，他会在学校悬挂校友和在校生的图片，其中一个还是读书时成绩并不好而品德良好、走上社会能华丽转身的学生。学校里的文化创设是德育的重要载体，成功的显性学校文化创设，必将让学校打造出更有内涵的隐性文化。

二、信念比智慧重要

张斌利校长认为，教之者不如好教者，好教者不如乐教者。这不正是我们教育者所追求的一种精神、一种境界吗？张斌利校长打造的不仅是特色教育，还打造出一个深受《论语》思想浸润的幸福校园。他用《论语》为自己打开了另一扇窗，也打开了教师们的心灵之门。在他们的学校中，教师累而且苦，却无怨无悔、乐此不疲，是因为他们想为学校留下一点东西：一种精神，一个念想。

人累与不累，往往不在于做事的多少，而在于心里是不是快乐。真正的累是心累，正所谓“心”“亡”为“忙”。之所以累并快乐着，是因为心里有念想。如果一个人有足够的信念，他就能创造奇迹。张校长认为，中国的教育缺的不是精力，而是精神。他把事业当成一种追求，用心打造校园文化，实现了教育的回归。

三、态度比水平重要

张斌利校长坦言：他只是一个打排球的运动员，学历低，学识较浅薄。管理之初，他苦苦探索。他想用《论语》改变现状。可是他基础实在太差，不懂《论语》，他就硬着头皮去啃、去抄。一遍不行，两遍……看翻译，做笔记。在他坚持不懈的努力下，竟盘活了一所濒临倒闭的学校。当面临着办学质量滑坡时，他想到要从规范教学常规入手，从改变课堂开始。于是他就带人定期检查常规，适时听课研讨。功夫不负有心人，他所在的学校成绩取得了历史性的突破。他之所以能成功靠的是什么？是精细化管理，是一丝不苟的态度。

当下的学校教育，如果不刻意地冠以太多的专业术语，如“后现代主义”“新质量时代”“核心素养教育”……只要坚持因材施教，有教无类，坚持按照课程标准实施课程，把语文课上成语文课，把数学课上成数学课，把体育课上成体育课；坚持认真批改作业，有针对性地辅导，认真分析学生的检测结果；坚持解放课堂，把学习的自主权还给学生，让学生在课堂中找到学习的乐趣，在作业之余阅读，在业余时间根据自己的喜好参加一两项兴趣活动；引导家长树立正确的教育观、价值观，不跟风，不盲目追随。做到这些，我想教育者就能找到教育的正道。而所有这些，都是一个普通老师按照师德去做的基本要求，即履行自己的基本职责，就能达到成功了。这可以说和水平没有多大的关系，只要态度端正，只要有责任心，只要不愧对教育良心，也就够了。

四、宁静比激情重要

张斌利校长认为，教育不需要激情，需要的是一颗平静的心、一种宁静致远的心境。一语惊醒了所有处于彷徨时期的教育者们。每一个教育者在最初从教的时期都是充满激情的，听一节课，便热情澎湃；听一次有价值的讲座，便热血沸腾；看一篇有教育价值的文章或感人的事迹报道，会热泪盈眶。但激情总有退潮的时候，接下来就会进入教育的倦怠期，若一直倦怠下去，就会庸庸碌碌，无为而终。只有保持宁静，执着地朝着一个目标努力的人，才会收获属于自己的精彩人生。

唯有宁静更能致远，而这份宁静是来自于岁月的沉淀。宁静能够让人随时寻找到令自己舒适的生存方式——尤其是能够静下心来阅读。人生有限，阅读什么是极其重要的。高明的人总会到文化的源头去寻找，能够读得进去《论语》《道德经》的人，肯定是能宁静致远的。

张校长一直强迫自己潜心读书，也在传递着这种好习惯、好传统。每学期开学的前两周，他们不上课，就组织全校师生阅读。他会走进教室，和师生共读一本书，读经典著作，读有益的书籍。他说："开卷未必有益。"如果盲目开卷，当然未必有益。而阅读经典能使人心灵宁静而高贵，自然拒污浊于千里之外。张校长是个"传道士"，是个学习者、实践者。他用传道士的精神来感染我们每一个人，让我们享受教育的美好人生。

张斌利校长的理论虽算不上博大精深，甚至还有点"草根"气息，但他的成功，是他善于在挑战中把握契机，是他用自己日益丰厚的教育思想通过经营而达到的。他成功的高度也是很多人难以企及的。但是，张校长初任校长时的成功，我们是很容易达到的。我想说的是，让我们从最基本的功课修起，把握契机，我们也一定能够撑起教育的一片天空。

江苏凤凰教育出版社
《行知工程》系列丛书目录

系列	序号	书　　名	主编	定价
名师成长系列	1	《情怀·智慧·境界——教育名家演讲录（1）》	钟惠河　李福琬	30.00
校长领导力系列	2	《学校细节管理的执行力》	林文明　王林发	30.00
	3	《校长智慧统筹的领导力》	谢耀丰　蔡丽姗 王林发	30.00
	4	《学校持续发展的研究力》	林文智　宋佳敏 王林发	30.00
	5	《学校和谐融洽的协作力》	陈一平　郭雪莹 王林发	30.00
	6	《学校教育提升的引领力》	谢文东　关敏华 王林发	30.00
	7	《学校团队成长的学习力》	黄纪　蔡美静 王林发	30.00
	8	《学校高效管理的创新力》	张旭	30.00
	9	《学校成功管理的决策力》	邱黎明	30.00
	10	《高品质学校生长要素》	王益民	30.00
	11	《校长高效教学领导力提升策略》	徐世贵　郭文刍	30.00
创新教学探索系列	12	《做童年面前最合适的人——我和孩子们的“童化语文”》	曹丽秋	30.00
	13	《品世界名画，学精彩作文 ——特级教师的“名画”作文教学法》	李日芳	36.00
	14	《玩出精彩作文——张化万活动作文教学经典策略》	张化万	35.00
	15	《〈红楼梦〉里的语文课》	李日芳	30.00
	16	《让学生把母语用精彩——“语用课堂”的探索与实践》	佘小红	30.00
	17	《“备”出课堂精彩——备学式教学的课堂实践与思考》	张旭兰	30.00
	18	《神奇的阅读教室——带学生踏上美妙的阅读之旅》	李祖文	30.00
	19	《打造有生命力的课堂 ——“两步八环节”教学模式探索与实践》	查联智	30.00
	20	《最能培养学生探究能力的课堂 ——小学科学与信息技术单元整体课程实施与评价》	李怀源	30.00

系列	序号	书名	主编	定价
创新教学探索系列	21	《最能激发学生运动天赋的课堂——小学体育单元整体课程实施与评价》	李怀源	30.00
	22	《最能提升学生艺术素养的课堂——小学艺术单元整体课程实施与评价》	李怀源	30.00
	23	《“生命语文”探索——焕发语文生命力的思考与实践》	王自成	30.00
	24	《粘连作文教学：让习作成为有个性的自我建构》	黄瑞夷	30.00
	25	《备学式教学——在体验中建构数学思维》	单广红　范雪梅	30.00
	26	《向着自主进发——自主教育的创新实施智慧》	朱亚红	30.00
	27	《写中学——让学习更有效的学科写作教学》	钟传祎	30.00
	28	《小学科学实验总动员——大科学课堂有效提升学生创新力》	江美华	30.00
	29	《小学语文单元整体课程实施与评价》	李怀源	30.00
	30	《小学英语单元整体课程实施与评价》	李怀源	30.00
	31	《小学数学单元整体课程实施与评价》	李怀源	30.00
	32	《让教学更能激发智慧——“思维碰撞”课堂的建构与实施》	程和方	30.00
新思维系列	33	《让后进生学习有后劲之36计》	严育洪	30.00
	34	《教育中的“不一定”——打破教育的19种思维惯式》	严育洪	30.00
教师修炼系列	35	《与学生一起成长——90后教师的心路反思》	王　晗	30.00
	36	《教育，爱与宽容——教师心灵礼仪修炼》	许力争	30.00
教育家核心思想系列	37	《叶圣陶论写作》	叶圣陶 著 李怀源 选编	30.00
	38	《叶圣陶谈阅读》	叶圣陶 著 李怀源 选编	30.00
	39	《多元智能理论的本土化应用》	刘治富	30.00
	40	《大教育家最具施教力的教学思想》	白刚勋	30.00
教育求索系列	41	《欣说教育那“一亩三分地”——一位一线教师的教育微思考》	王庆欣	30.00
	42	《爱的守望——一位一线教师对教育的坚守》	林卫红	30.00
	43	《思政教学的人文力量》	戴晓华	30.00
	44	《师道新说——给教育者的30条箴言》	徐　卫	30.00
学生心理解码系列	45	《在人生的春天播种——十四岁，写给青春的一封信》	白宏宽	30.00
	46	《孩子问题行为一点通——只有好老师才知道的学生心理谜底》	严育洪	30.00
校本研修系列	47	《徜徉语文教研》	肖俊宇	35.00
	48	《校本研修资源的开发与利用》	陈朝林	30.00
	49	《校本研修与教师专业成长》	吴积军	30.00
	50	《卓越教师经典研修成长策略》	刘天宝等	30.00
	51	《特色校本课程开发范例解读》	刘永平　李秀伟 张雪梅	30.00
	52	《高效校本研修模型构建艺术》	刘素雁	30.00
	53	《走向实践的教研——中小学教育科研引领与应用》	江　敏	30.00

系列	序号	书　　名	主编	定价
名校系列	54	《让每个孩子都成志 ——清华附小主题阅读课程的实施探索》	窦桂梅	30.00
	55	《让每个孩子都成志 ——清华附小主题实践课程的实施探索》	窦桂梅	35.00
	56	《向着朝阳走去——清华附小合作办学实践探索》	窦桂梅	30.00
精彩课堂系列	57	《给孩子更好的数学课堂》	易增加	30.00
	58	《小学生阅读素养的提升策略》	邵巧治	35.00
	59	《从语文素养走向生命成长 ——小学语文读写课堂教学密码》	曾海玲	30.00
	60	《真实的品德课》	朱淑秀	30.00
	61	《英语课堂学习共同体——新型的师生交互学习场》	杨延从	30.00
	62	《指导自主学习——初中数学学与教的研究与实践》	刘其武	30.00
	63	《玩出精彩的课堂 ——小学低年级教与学方式转变研究》	陶红松	30.00
	64	《让生命之花自主绽放——语文个性化教学建构策略》	商德远	30.00
	65	《让学生亲历知识——主体参与下体验式学习的实施策略》	何世祥	30.00
教育思想者系列	66	《高效教学的道与术——陶继新教育讲演录》	陶继新	30.00
	67	《名校之道——陶继新对话名校长（1）》	陶继新	30.00
	68	《教育，一切从孩子出发》	黄　俭	30.00
教育管理力系列	69	《缔造唯美教育——延奎小学素质教育实施策略》	易增加	30.00
	70	《让普通学校崛起的 20 个细节——“生命为本”教育团队成长密码》	李其玉	30.00
	71	《“走”出教育的精彩：走动式学校管理文化构建》	罗　军	30.00
	72	《校长兵法：学校管理四十六计》	皮大鹏	30.00
班级文化系列	73	《活力班级的文化建设》	胡　珏	30.00
	74	《做幸福的班主任》	吕　丽	26.00
高效能教学系列	75	《高效能教师的 10 个好习惯（中学卷）》	张　瑾	30.00
	76	《让作文落地生根——提高写作实效的教学策略》	黄桂林	30.00
	77	《高效能作文教学 5 项修炼》	陈步华	30.00
	78	《高效能校长的 10 个好习惯》	张　勤	30.00
	79	《高效能教师的 10 个好习惯（小学卷）》	谢　英	30.00
	80	《高效能语文教学 5 项修炼》	王其华	30.00
新课程探索系列	81	《语文新课程的批判与重建》	葛桂斌	30.00

系列	序号	书名	主编	定价
美国名师教学译丛	82	《美国名师游戏教学本土化应用：幼儿园》	（美）玛西娅 L. 泰特 著 胡珍 瞿菁 编译	30.00
	83	《美国名师游戏教学本土化应用：小学英语》	（美）玛西娅 L. 泰特 著 杨永华 张心影 编译	30.00
	84	《美国名师游戏教学本土化应用：小学数学》	（美）玛西娅 L. 泰特 著 谢艳红 编译	30.00
	85	《美国名师游戏教学本土化应用：小学科学》	（美）玛西娅 L. 泰特 著 刘丽萍 编译	30.00
	86	《美国名师游戏教学本土化应用：小学社会》	（美）玛西娅 L. 泰特 著 姜梅芳 编译	30.00
	87	《美国名师游戏教学本土化应用：小学音体美》	（美）玛西娅 L. 泰特 著 尹立志 编译	30.00
鲁派名师名校·教育探索者系列	88	《悦读立人——校园阅读文化体系构建策略》	杨世臣	30.00
	89	《教育智慧何处来——一位特级教师的思考手记》	付立金	30.00
	90	《和雅文化——校本课程的创新构建》	汤善香	30.00
	91	《让个性绽放精彩——学校课程体系整合与创生》	谢建伟 徐淑萍	30.00
	92	《让每个学生都幸福——最能润泽生命的学校文化建设》	谢建伟 张新喜	30.00
生态化校园系列	93	《文化管理——构建生态和谐校园的必由之路》	付全新	30.00
	94	《点燃学习的激情——构建校园生态化学习型组织》	杨树岳	30.00
	95	《课改突围——构建学校生态化教学体系》	杨树岳	30.00
教育新思考系列	96	《语文教育向何处去》	王 丛	26.00
	97	《教育，就是做好普通的事》	孙志毅	27.00
	98	《走出语文的偏见——让学生体悟文本的原义》	丛智芳	30.00
	99	《让语文教学更高效——批注式阅读教学探索》	韩中凌	30.00
	100	《读写互促——探寻学以致用的语文教学》	曹 龙	30.00
	101	《跳出数学教数学——用文化融通数学教学》	马建秀	27.00
名师感悟系列	102	《让心灵伴着歌声成长——22位音乐名师的教育智慧》	陈 璞	30.00
	103	《超越自我的教师——32位名师的成长感悟》	李卫东 李秀伟	35.00
	104	《心灵的守护者——19位名班主任的教育智慧》	王晓松 曲文弘	30.00
	105	《名师感悟班主任有效工作艺术90例》	符礼科	30.00
	106	《名师感悟有效教学90例》	林高明 徐玉烟	30.00
信息化教学系列	107	《巧用白板教语文——信息技术与语文教学操作指南》	蒋丽清	30.00
	108	《跨越式实现高效课堂 ——信息技术与课程整合高效教学方案评析》	陈玲 刘禹	30.00

系列	序号	书名	主编	定价
教师必读系列	109	《教师必学的 16 堂修养课》	武宏伟	30.00
	110	《教师不可不知的教学心理效应》	叶勇军	30.00
	111	《班主任不可不知的管理效应》	奚一琴	30.00
	112	《教师不可不知的教育心理效应》	孙　媛	30.00
	113	《校长不可不知的管理效应》	谢申刚　张金豹	30.00
	114	《成为好教师的 7 项修炼》	王福强　李维华	30.00
	115	《如何让学生会学习》	龙　冰	30.00
	116	《如何让学生爱学习》	周震宇　许小燕	30.00
核心教学主张系列	117	《新生代语文名师核心教学主张》	许友兰	30.00
行思讲坛系列	118	《灵动而朴素地教语文——潘文彬的微格教育生活》	潘文彬	30.00
	119	《师爱无疆——润泽学生心灵的教育故事》	侯忠彦	30.00
	120	《怎样反思更有效 ——促进教师专业发展的反思策略》	诸贝贝	30.00
	121	《成为高度自觉的教育者——写给后课标时代的数学教师》	许卫兵	30.00
	122	《哲思数学课》	刘全祥	30.00
	123	《智慧数学课——黄爱华教学思维的实践策略》	黄爱华	30.00
	124	《童趣数学课》	徐　芳	30.00
	125	《把学生教聪明》	严育洪	30.00
	126	《教师最应该规避的教育误区》	杨坤道	30.00
	127	《用语文的方式教语文——潘文彬教学主张与实践智慧》	潘文彬	30.00
	128	《怎样让阅读教学更有效 ——提升教学能力的十种读诵模式》	汪秀梅	28.00
	129	《让生命在润泽中起舞 ——当代小学生最需要的主题班会》	吴联星　罗　琳 冯卫东	30.00
	130	《让生命欢快拔节 ——当代中学生最需要的主题班会》	冯卫东　吴联星	30.00
	131	《课堂因生成而精彩——高效教学的生成智慧》	张文质	30.00
	132	《回到每一个人的生命化教育 ——张文质二甲中学教育行动录》	张文质	30.00

系列	序号	书名	主编	定价
中国教育变革之路丛书	133	《百年树人师何为——教师队伍建设困顿与出路》	将丽珠　李玉向	30.00
	134	《入园何时不再难——学前教育困惑与抉择》	曾晓东 范　昕　周　慧	30.00
	135	《三尺书桌何处寻——流动人口子女教育困难与破解》	范先佐	30.00
	136	《苦旅何以得纾解——高考改革困境与突破》	郑若玲	30.00
	137	《择校纠结何时了——择校问题困局与治理》	曾晓东　周文海 曾娅琴	30.00
创新教学思想系列	138	《“大问题”教学的形与神》	黄爱华　张文质	30.00
教育漫笔系列	139	《课堂，诗意地栖居》	吴书华	30.00
教学提升系列	140	《有思想地教阅读——让学生学会品读文字真意》	王学东	30.00
教育艺术提升系列	141	《藏在师生体态语言里的教学智慧》	张　宇　廖生波	30.00
教学全手册系列	142	《小学习作教学全手册》	郭家海	30.00
	143	《中学写作教学全手册》	郭家海	30.00
	144	《情境教学操作全手册》	冯卫东	35.00
	145	《合作教学操作全手册》	李春华	35.00
	146	《探究教学操作全手册》	周新桂	35.00
	147	《自主教学操作全手册》	诸葛彪	35.00
	148	《创新教学操作全手册》	王　玮	35.00
	149	《班主任工作全手册》	刘沛华	35.00
	150	《新教师工作全手册》	周震宇	35.00
	151	《学生心理健康教育全手册》	刘海莉　刘春杰	35.00
	152	《高效教学操作全手册》	马友平	35.00

系列	序号	书　　名	主编	定价
创新人才培养系列	153	《创新人才培养校园科普精品课程开发与指导——人大附中创新人才培养》	罗　滨	30.00
	154	《创新人才培养特色校本课程开发与创新人才培养——清华附中"国际安全下的科学技术"课程构建与实施》	王殿军　方　研　赵宏雁	30.00
	155	《创新人才培养：学校实验室建设与管理》	刘克文　杨发丽　杨　平	30.00
	156	《创新人才培养：数学探究活动开发与指导》	马云朋　韩继伟	30.00
	157	《创新人才培养：化学研究活动开发与指导》	王　磊	30.00
	158	《创新人才培养：物理探究活动开发与指导》	廖伯琴	30.00
	159	《创新人才培养：地理探究活动开发与指导》	张建珍　陈　澄	30.00
	160	《创新人才培养：生物探究活动开发与指导》	张迎春	30.00
	161	《创新人才培养：理念探索与思维突破》	王晶莹	30.00
新生代通派名师系列	162	《简约数学教学》	许卫兵	30.00
	163	《语文教学的本真——情意课堂展现母语之美》	吴建英	30.00
	164	《语文课堂的理想追求——欢快达成三维目标》	董一红	30.00
	165	《阅读教学的真髓——意象构建读出文学的真美》	祝　禧	30.00
	166	《美术教育的真谛——审美人生教育让生命绚丽成长》	陈铁梅	30.00
	167	《语文教学的理想境界——无痕教学润泽生命》	李　凤	30.00
	168	《儿童作文的本义——嬉乐作文让儿童乐并成长着》	王笑梅	30.00
	169	《名师是怎样炼成的》	王建明　王笑君	35.00
幼师成长系列	170	《幼儿行为背后——教师如何读懂幼儿的心思》	吴亚英	30.00
	171	《最具教育力的22种幼儿教育思想》	杨　达	30.00
	172	《幼儿教师必知的安全应急措施》	杨　达	30.00
	173	《幼儿教师必备的教育技能》	李　玲	30.00
	174	《卓越园长21条幼儿园管理策略》	周　丹　江东秋	30.00